文萃集

(第四册)

美丽的传说
——中站民间逸闻故事

张咸贞 著

中州古籍出版社

序　言

华夏历史的苍穹浩瀚深邃，蕴含着博大精深的民族文化。巍巍太行南麓的河南省焦作市西区门户中站，是一片历史悠久、人杰地灵的热土。自古以来英贤辈出，凝聚积淀成了五彩缤纷的民族文化精髓。千百年来，人们口碑相传至今的逸闻趣事、民间故事丰富迷人：中站地名由来及其与名人的渊源；历史英贤的元代通儒许衡（从二品）、太医院副使靳德茂（正三品）、明初北平布政使张昺（正二品）及其后裔聚居的村庄等，都积淀了深厚的民族文化。在漫长的历史岁月中，逸闻趣事、传说故事斑驳陆离、动人心弦。开启民族文化殿门，展示精神世界瑰宝，是有良知之文化人义不容辞的职责。履行这份耕耘义务，传承当地精美文化，弘扬圣贤伟大精神，完成"正能量"的传递，是当今笔端应为之事。所以，我就做了这件应为之事。

《美丽的传说——中站民间逸闻故事》一书，辑录了中站区域内的民间故事、逸闻传说66篇。其中，以历史文化为主题的地名故事9篇，以人物故事为主题的57篇，内含当今残疾人顽强拼搏，成果丰硕的焦作市特殊教育学校盲人教师马自立的新闻故事；新中国成立前的老党员韩书朝的传奇人生故事；地名故事5个；哲理、寓言、童话、儿童故事4则。

书中涉及的时间跨度广阔：上溯源到隋唐、五代十国，及至元、明、清和辛亥革命、抗击日寇、解放战争时期，直到当今。

此书涉及人物众多且涵盖面大：既有许衡、靳德茂、张昺等国家栋梁、治国英才，又有革命先驱、民族英雄的坚贞与悲壮，还有各行各业的能人精英，那些乡间百姓的柴米油盐、悲欢离合故事，也在书中鲜活了起来。既有历史逸闻传说，也有当今现实故事。

从编排上，大致分为"中站由来与名人缘"及其《大儒许衡传说多》《东王封村御医靳德茂》《张昺后裔与南北朱村》等；之后的大多篇章，是按照北朱村，西王封，东、西冯封及造店、李封等村落辑录的；"短暂辉煌的壮丽人生"，辑录了两位年轻的革命英烈；"金色童年里的美丽传说"故事四则各具特色；此书最后部分是"王李冯封村的由来轶事"。这些逸闻故事绚丽纷呈，供读者品茗评说——作为茶余饭后、休闲消遣时光的交流与谈资,以及对中站人文历史的拾趣。

人民物质生活的提高,应伴之精神生活的相应充实。"阳春白雪"诚然高雅,"下里巴人"古香原色。文化强国东风遒劲,努力建设文化强区——我这杯水车薪的微不足道奉献,是广积跬步而至千里的起始。陶醉于家乡享用不尽的逸闻故事精神世界之中,禁不住想起了《西游记》中孙悟空的无所不能:一个筋斗云十万八千里、来去天宫自如、下海屡会龙王,以及"千里眼""顺风耳"的洞察寰宇……这些奇瑰的幻想,而今已成现实!吴承恩的大过人之处,就在于他唤起了无数高科技者对宇宙与空间的丰富构想、顽强探索!

此序搁笔之际,邵尧夫脍炙人口的《水浒传》开篇诗涌上心头:

纷纷五代乱离间,一旦云开复见天。
草木百年新雨露,车书万里旧江山。
寻常巷陌陈罗绮,几处楼台奏管弦。
人乐太平无事日,莺花无限日高眠。

《水浒传》展示的社会广度,在于其植根于老百姓心中。如今亦东施效颦为此书概括几句:

中原发迹源中站,人杰地灵涌英贤。
元明清史丹青传,许衡张昺诉未完。
近现当代名人攒,乡里村名趣味鲜。
太平盛世中国梦,百姓口碑能量添。

而今,吾倾其所有地将这些流传于家乡的民间逸闻故事恭谨奉上,能否萌动您的丰富想象,读了才会不言而喻得出结论。值此"美丽中站 民间故事有奖征集"之际,老妪将终生的这些"积攒"整理成书,奉予读者朋友共享。

特别值得一提的是,"金色童年里的美丽传说"四个故事:《刻意模仿笑话多》《红公鸡痛改傲慢》《小白兔和大灰狼》《鸟儿们的演唱会》,是为照顾儿童读者层面而点缀之,意在从哲理、童话、寓言故事之中,领悟为人处世之真谛,达到身心健康成长之目的。

中站民间逸闻故事甚多,此辑收录很是有限。但愿更多同仁笔触关注,如同当今的河北、山东作家奋力笔耕、大作丰硕那样:弘扬当地英贤伟大精神,再现历史人物光辉形象;牢记苦难,珍惜当今,从而励志奋发向上,完成正能量的传递。为全民实现小康社会,奉献出自己的才智。

张咸贞

2014 年 4 月

目 录

中站由来与名人缘 ·· 1
英商输出煤炭的中转站 ······································ 1
大儒许衡传说多 ·· 2
河内太守寇恂与朱村寇 ····································· 12
唐宋大家韩愈西王封后裔 ··································· 14
冯道封地与冯封村名 ······································· 16
东王封村御医靳德茂 ······································· 16
张禹后裔与南北朱村 ······································· 18

古老北朱村的逸闻故事 ······································ 21
仙家楼院的传说 ··· 21
御前侍卫长张瘦 ··· 30
北朱村红拳溯源 ··· 40
药王孙真初看病 ··· 41
纺线老太金钱梦 ··· 43
无辜伤蛇赔性命 ··· 45
朱村腰鼓与张瘦 ··· 46
北朱村非遗掌故 ··· 47
北朱村红拳高手（一） ····································· 51
北朱村红拳高手（二） ····································· 56
北朱村的财神爷 ··· 60
朱村张两大忌讳 ··· 62
老奶奶庙的传说 ··· 63
背桩演出是绝活 ··· 66
受气媳妇和不翻 ··· 66
朱村香油故事多 ··· 68

1

武功高强把身翻·················70
　　弟兄分家贫富易·················71
　　两次打鬼不见鬼·················73
　　煤矿童工苦难重·················75
　　童养媳妇遭罪多·················77

西王封韩氏名人故事多···············81
　　革命先驱韩立纶·················81
　　韩嘉玉与新学堂·················82
　　五子贡生养孤儿·················84
　　民国同期三县长·················85
　　除恶恤民韩廷德·················88
　　农庄庄长韩普高·················89
　　婚姻被毁疯终生·················91
　　机电班长韩普海·················93
　　知名女工靳清梅·················94
　　两代人的后辈情·················96
　　书香门第韩清源·················99
　　"里人为美"韩长仁···············100
　　世纪老人韩公超················102

和谐姓氏大户东冯封村···············105
　　姓氏融合乐陶陶················105
　　侠肝义胆张玉东················107
　　四街常家与武虎················109
　　赵士元的不敢试················111

西冯封村人文传说故事··············112
　　全能巧人刘恩涛················112
　　奉直大夫刘以实················114
　　五品蓝翎刘葆真················116
　　西冯封刘氏溯源················117
　　人民功臣刘务祥················118
　　德高望重刘观臣················120
　　刘氏墓地三植绿················122

造店回民兄弟有趣传说 ··124
 造店朱村情谊深 ··124
 马自立新闻故事 ··125
李封贤良郭秀芝 ··129
新中国成立前的老党员韩书朝 ····································134
短暂并辉煌的壮丽人生 ··139
 战斗英雄王忠殿 ··139
 革命烈士常九宫 ··142
金色童年里的美丽传说 ··143
 刻意模仿笑话多（哲理故事）·······························143
 红公鸡痛改傲慢（童话故事）·······························144
 小白兔和大灰狼（童话故事）·······························146
 鸟儿们的演唱会（寓言故事）·······························147
王李冯封村的由来逸事 ··148
 东王封与西王封 ··148
 李封冯封的由来 ··148
 许庄村与东冯封 ··149
后　记 ··150

中站由来与名人缘

英商输出煤炭的中转站

据有关史料记载：中站因英商福公司输出煤炭，并在此中转装火车外运而得名。这话还得从英商福公司和道清铁路说起。

英商福公司（英文名称为Peking Syndicate）成立于19世纪末叶，是一个重点对焦作煤矿投资、在英国伦敦注册的股份有限公司。这是因为焦作是我国著名的无烟香煤之乡，由于长期受封建体制束缚，生产力低下，政令羁绊，民生凋蔽。随着外国资本主义对中国侵略的加剧，英帝国主义看上了这块"肥肉"，挟持清政府及其官员强行在焦作征地、开厂采矿，开始了对焦作煤炭资源的掠夺，迫使焦作出现了第一家近代资本主义外资企业。原焦作矿务局王封矿，便是英商福公司在焦作开采的第一座煤矿。

英帝国主义掠夺中站煤炭资源谋划周密：先把开采的煤炭拥为己有，而后就要运出去——于是，便想到了修铁路。道清铁路应运而生。

道清铁路也是晚清时期丧权辱国的产物。腐败无能的清政府，在外强的威逼胁迫下，同意由英、意两国合作的福公司承建。福公司后来遇到资金短缺等困难，又由英国出面，要求清政府修筑道泽铁路（道口至山西泽州）。其中，原道清铁路段的修建费用，作为清政府向福公司的"借款"——实际上，是清政府在拿着刀割自己的肉，把福公司的困难转嫁给了中国。道清铁路从道口至清化镇（今博爱），长150公里，于1902年7月开工，分三段施工，直到1907年1月才修到了清化镇。但是，事情具有它的两重性：刺激、繁荣了中国的煤炭开采产业；外商以微乎其微的付酬，为贫困的国民提供了就业机会。表面上看，社会是朝着进步方向发展的，其实，是在为英商掠夺中国煤炭资源，铺平了外运道路，使中站成了英商外运煤炭的中转站。

当时，道清铁路线在王封矿南面，地势较为平坦处。为转运方便，将煤炭先运到那里后装上火车。后来经过勘探，发现堆放煤炭处资源丰富，就开矿生产。因此处位于北朱村东,所以取名朱村矿。与北边四五公里处的王封矿相对而称,就叫做"下厂"(今焦煤集团下属的鑫珠春煤矿)。从此,中站因在"下厂"处转运煤炭而得名。

大儒许衡传说多

流星划过许衡生

老人们都说"许衡品位高,星象大",感天动地——这话说得一点儿也不假。

天地危难,英贤降生。金永济大安元年(1209年)九月二十九日晚上,在新郑邑西约十多里处的荒村双河寨,在那户从黄河以北河内县沁北村逃避战乱的农民寓居的场院小茅屋外,许通焦急地来回踱步,不时仰望北方苍穹:一是想念亲人时的习惯动作;二是急切地盼望着下辈人的出生;三是准备向父亲许成符递交"接续香火"的答卷。正当他心潮翻滚、焦灼不安之时,从西北天际划过一道晶莹的亮光,在他居住的小茅草屋上空消失了。他被这道亮光吸引,一时间茫然了思维,惊奇得下意识地停止了踱步。突然,一串婴儿报到人世的单一音符"哇,哇,哇哇哇……"传入耳际。

刹那间,许通被这种具有强大魅力的稚嫩哭声吸引,他"呼"地抬起头来,疾步向屋里冲去!一脚刚踏入门内,就听到了接生老妈妈的笑赞:"老婆子我在这远近各个村庄接生三四十年了,还从来没有见过一个新生的娃娃这么景气!哈哈哈哈……"

许通闻声止住了向前俯冲的身体,打了个趔趄。他急不可待地要看孩子。他侧着身子挤到了床前,下意识地端起了窗台上的那盏豆油小灯,急促地移至床前,但见儿子:

面如新月,润泽白嫩。两目水灵,炯炯有神。
天庭饱满,地阁方圆。双唇樱红,嘴角翘起。

那当儿,许通兴奋得简直就要跳起来了!但碍于接生大妈和两位热心邻居大嫂在场,才勉强收住了脚步!

这个男婴,就是许衡——后来的伟大的通儒、元帝国的辅佐重臣!

逝日晴天现惊雷

至元十八年（1281年）三月初二清晨，许衡突觉精神爽快，全身轻松。他自己穿衣，起得床来，拿起那本伴随自己大半生的《论孟集注》，从里屋拄着拐杖出来，到了堂屋门前。老夫人贺氏，赶快把那把平时他最常坐的太师椅子搬来，扶他坐下。仅只是这些简单的动作，就累得他精神殆尽。他吃力地说："余心怦怦然。"

说着，他闭上了眼睛，也不欣赏那明媚和煦的春阳。久坐缓和之后，自言自语道："死生何异人？精神能有几？世事何时穷？"

遂后，又发叹歌吟起朱子的名句：

睡起林风瑟瑟，觉来山月团团。身心无累，久轻安，况有清凉池馆。

句稳翻嫌白俗，情高却笑郊寒。兰膏元自少陵残，好处金章不换。

歌罢，奄然而逝。

真是英贤谢世感天动地：就在许衡闭上眼睛的一刹那间，苍天骤然翻脸。大块大块的乌云不知从何而聚，霎时间遮住了太阳，随即狂风暴虐、雷声大作，院中一棵直径几把大的国槐被风拔起……

这位大元朝廷的功臣，就这样在私第随风雷而去。享年七十三岁。

因许衡村庄易名

元代中书左丞、集贤大学士、国子祭酒许衡生逢世乱，辗转流离。直到五十多岁才定居李封（今河南省焦作市中站区李封村）。据考证，许衡成名之后，因其易名的村庄就有四座。

许衡祖籍河内沁北村。河内者，县也，相当一部分在今沁阳市境内。沁北村顾名思义：沁河北岸的村庄。许衡步入仕途之后，曾回乡安葬先世数老，并修缮住宅，准备久居。但因洪灾肆虐，迁徙李封定居。

当时的沁北村，因许衡号"鲁斋先生"，而易名为北鲁村。为何多了"北"字？是因南边也有个鲁村。为区分之见，就南为南鲁、北为北鲁了。

金大安元年（1209年）九月二十九日，避乱寓居黄河以南的许通之妻李氏，在新郑邑西双河寨（今新郑市辛店乡西南）生下了许衡。许衡六岁时，随父母移居该村东北隅约四五里处之阳缓里（今新郑市辛店乡东南不远处的许岗）。双河寨者，为范河、姬河两度交汇之中间的村庄。阳缓里者，是三面土岗围成、南边开口地形的自然村。因早晨太阳初升时，出村疾走约一里路后，阳光才能照射进这个马蹄形的村庄而得名。这两个金元之际的边远小荒村，却以许衡的诞生、居住之故而荣耀：早在元代就分别易名为许窑和许岗了。不仅村称延续至今，前些年还修了一条笔直平坦的"许衡大道"，将许岗直接引上了北边的公路，像许衡的英名那样，通向了广阔的世界。

许衡是伟大的教育家，终生倾情教育，谓之"桃李满天下"恰如其分。成名前曾执教于辉县百泉湖畔、魏地大名城和山东泰安东馆镇等。成名后更是功勋卓著：除教授过丞相安童、皇太子真金之外，更多的"彬彬然士大夫者，皆出其门"。即使是五十三岁后的两度告病还乡之际，也要建造书院、教书育人。其书院，建在今博爱县陈范村东。因许衡书院培育国之栋梁的缘故，此处于元代就改为景贤村，也就是传说中的北景贤村。在那里，许衡教书育人之隙，还在二十八亩校田里辛勤耕作、自食其力。

综上所述，因许衡易名的村庄，现今可考者共有祖籍沁阳北鲁村，生长地新郑许窑、许岗村，书院处今博爱陈范村四处。由村庄因其而易名可见当时的威望之高，社会影响之广泛！

此文登载于《焦作晚报》2011年11月14日"人文山阳"版。

人生轨迹顺口溜

许衡的生活轨迹在民间广为流传："祖籍怀庆，先祖忠诚；出生新郑，战乱逃生；学理共城，教书大名；任职都京，定居李封。"他参与定朝仪、立官制、更时历；呕心沥血创办国学，为元帝国培养出了大批的治国重臣。今选入他的历史故事，意在弘扬许衡发奋研读、立志成才、积极入世、注重将理论落实于实践的宝贵进取精神，从而向社会传送正能量。

三年楼上编历法

据传说，在许衡晚年时期，节气赶前错后、农时紊乱；"一月四十、半月二十"现象致使星辰月令异常。元世祖忽必烈下诏：命"天官"许衡编制历法。

当时，许衡在元朝为"天官"，住在京都宰相府邸。他的书籍很多，皇上专门敕令为他建造了一座两层楼的书房。平日里，他下得朝来读书写字都在一楼，二楼主要是珍藏宝典、大型工具书之类。要编制历法，除了研读有关史籍之外，他还自制了多种圭表仪器，时刻测验记录。二楼在高处，观察天象、日月星辰方便，圭表仪器也都放在二楼。还有一层原因：不断有求他办事者、同僚们造访。刚开始编制历法时，他还下到一楼接见来访者，但后来人去得多了，经常打乱他的研究。于是，他写了一块"谢绝来访"的木牌，命下人钉在了书房一楼的门旁。如此一来，造访者少了许多。研究一段历法之后，需要进行精密计算，不期而至者会打断他的思维。再三考虑之后，他决定把自己"封闭"起来：命跟随他左右的老实仆人，从楼板下锁好楼门，并吩咐谁来也不开锁。老实仆人按照他规定的时间，开锁照顾他的吃、喝、洗、拉之事。造访者闻言他不下楼、不与人说话之后感到甚是稀奇，将此消息散布得沸沸扬扬。这样的结局，正是"天官"许衡所期望的。他废寝忘食、夜以继日地研制着历法。

功夫不负有心人，三年有余的时间过去了，许衡终于编制出了授时历。精确度很高，农耕适时，节气适中。等到仆人打开楼门搀他下楼时，全家人都怔住了：须发花白，满口无牙，看上去至少老了十岁，瘦弱得只剩下一副骨头身架，病得连话也说不成了，不久去世。

人们都说：他为编制授时历辛苦专一，所以研制出的历法才会如此准确！于是，便将"许天官"三年不下楼编制授时历的事情传扬了出去，口碑相传了这七八百年。老百姓的口碑传颂，是对他卓越贡献的褒扬与肯定。不少人至今还亲切地称许衡为"许天官"，正是缘于这个传说。

这些传说还真的与史实大致吻合。据《元史·列传·第四十五·许衡》记载："十三年（元至元十三年，1276年），再召至大都，命与王恂、郭守敬等人商定历法。"

由此可见，老百姓口传不虚，史实成分真实可靠。

清正廉洁人敬仰

许衡为官清正廉洁，很多史实被口碑相传得人所皆知。下面的故事可以说明。

故事一：辞京兆提学

许衡是忽必烈的藩府旧臣，被称为"金莲川幕府"。早在蒙古蒙哥汗时期，忽必烈在藩邸时，许衡就被招至秦中（今西安一带）为京兆教授。翌年，因博学多才和勤恳善教，被擢升为京兆提学（京兆地区教育行政长官）。他认为未通过正常途径升职而不愿就任，曾先后四次请辞：先是递呈《辞京兆提学状》，然后又三次托同僚帮着辞免。直到无法辞掉时，才开始尽心竭力从事。从此，秦地大兴学校，使秦人得以广泛教化。

此则故事说明许衡虚怀若谷，按规程办事，原则性强。

故事二：当殿对御说

许衡与忽必烈的当殿对答更是有趣。蒙元立国之后的中统元年（1260年），元世祖忽必烈当殿问及群臣："朕欲求'唐之魏征'者，何如？"许衡的挚友窦默答道："许衡其人也。"当时因建国伊始政事纷繁，又因闻讯许衡远在大名城开馆授徒，事情搁置下来。至元八年（1271年）忽必烈帝又欲求"魏征"式贤相，窦默再次举荐许衡具他相才。加之他原在秦中任职京兆提学时政绩卓著，忽必烈很是赏识，于是召见。他在金殿上回答皇帝征询他"科第如何""平时读写什么书""有何专长"时说："不行，不能；自己徒有虚名，没有什么学识，读的皆是一般文人都读的孔孟之书；别无所长，只会教授童蒙和勤力耕种。"听到回答，世祖帝哈哈大笑，事后委以左丞之职。他鞠躬尽瘁辅佐右丞安童打理朝政，教授皇太子真金辅政，创办国学并主事，培养出了姚燧、不忽木等多位卿相之才。这个故事体现了许衡不图谋荣华富贵的质朴与谦逊品质。

故事三：拒绝皇上恩赐自己的长子

许衡一生淡泊名利，是廉洁奉公的贤相：奉召即刻启程，公务了结就要辞职返乡。据史料记载，其一生中八次辞官。其中一次是以病辞职，引发了忽必烈帝的恻隐之心。于是，他随即召许衡的长子许思可上殿，让其子承父职，以便养家。许衡闻言急忙奏道："用人，是天子您的权利。但是，应该通过正常途径：责成有关部门进行考察、研究，德才兼备、资质符合后才能委任。如若像您今天这样随便施恩，就会有碍用人初衷；同时，还会使更多的臣下产生圣上随便施恩的侥幸心理。"只说得忽必烈帝张口结舌、无言答对，只好收回了这个口谕。好多朝臣都钦佩不已：真是铁面无私、公事公办，没有私心杂念！但有的大臣却笑他迂腐、不食人间烟火：为儿子谋差事还谋不来呢，送上门来的你却"拒收"，真是傻瓜一个！

后来，许衡一贯坦诚务实、坚持原则、廉洁自律、造福百姓的高风亮节，逐渐从朝中传入民间，百姓们就更加尊敬爱戴他——以至于这些故事口碑相传至今。

多处考察择居李封

元至元五年（1268年）六月，河内县先是遭遇蝗灾，将大片的秋苗吞噬殆尽，到了七月又遇洪汛。那日，许衡到县城办事，因洪灾被困。他站在城楼远眺西北方向，但见城北包括他的沁北村在内，全都是一片汪洋。当时想着妻儿的安危，实在是焦急万分。这次大的灾难，敦促他下定了必须迁居的决心。

许衡这次返怀，本来心就不悦：

一是因为屡次弹劾贪赃枉法、蠹政害民、大权独揽、结党营私的阿合马，而不被忽必烈帝重视。他的反抗形式是辞职。忽必烈只得允准：诏令他回乡"教授怀孟生徒"。

二是在此之前，他已在今博爱县陈范村开有书院。之后，他的家也由河内之沁北村迁居至景贤书院（陈范村许衡创办）。对于迁居李封，笔者于2004年元月9日，重新拜访了河南省焦作市李封村的许道召、许昭贡、许继祥等老先生。并且第十四次到今焦作市所辖之沁阳市西向镇的北鲁村考查，印证了老先生们之说，得知了上述迁居故事。

三是许衡应诏返京后，家眷返回了沁北村。但因洪灾家里泡塌了一座厢房。想再迁回景贤书院去，但又犹豫再三：那里确是个好的所在，水肥，田美，竹竿四季常青，百姓生活富足，这是长处。但是，那里距离官道（国家修筑的宽阔马路）咫尺之近，以各种目的到书院造访者络绎不绝，终日纷扰不断，令他纠结。虽说书院门外和墙壁上都钉着"非本校学生不得入内""上课时间概不会客"等婉言谢绝的牌子，但大部分人却是置若罔闻，不时毫不客气地叩击学校门环，打乱了正常教学秩序与生活。正是因为如此，他才搬回祖籍沁北村的。如若再搬回去，岂不又受纷扰？还有一层意思：书院处水浅，一锨剜下去就见水，死后可就埋入了水中……

整日思绪万千，导致他精神恍惚，他病倒了。待病情稍有好转，就曳杖起床，翻出了在大名时的思乡诗：

> 十载天涯客寄身，今年憔悴不堪闻：
> 病来与死传消息，老去无家遗子孙。
> 故里欢游频入梦，春城凝眺独销魂。
> 如何藉我知音力，五亩归耕沁北村。

如今的许衡，实在是无奈：好不容易回来定居，使梦想成真，怎忍心轻易放弃？不放弃吧，自己清清白白做官，又无过多的积蓄。如何治理得这天灾、洪害？如何拿出银钱加固沁河堤岸？这些个难题，使得他举箸难咽。有时，他会在堤岸上苦思冥想到月上中天。想想很快就到了中元之节，心情更加沉重。归至家中，夜不能寐。

翌晨起得床来，提笔写下了思亲诗——

七月望日思亲

凭却千思与万思，音容无复见当时：
草窗夜静灯前教，蔬圃春深膝下嬉。
将谓百年供色养，岂期一日变生离？
泰山为砺终磨尽，此恨绵绵未易衰。

灾后病中思亲，格外刻骨铭心。他冒着仲秋热辣辣的骄阳，用篮子提着干果、祭品，踉踉跄跄地向村西北的祖茔而去，祭拜了父祖之后，就与先人们道一道自己的苦衷，说一说迁居的紧迫与必要性。他嘲讽道："唉！怎么成'盘庚迁都'了呢？"

许衡病体痊愈，独自徒步到离村子不算太远的太行山南麓村庄。去之前，他抱着蛮大的希望：山上不会被淹，离得近搬家也会容易……但是，当亲临实地时，满心高兴变成了冷水：山洪不仅冲坏了梯田，甚至一个山包都滑落了。村中本来不多的人，只剩下寥寥无几的老赢者。问及原因，原来是山中响马成帮，时常进村抢劫、拉夫抓丁。中青年男子不是被抓走了，就是外避他乡……许衡听得丧气：自己曾三为左丞，如何不知家乡世道？失职啊！待他回返山边，一老汉正在一棵干枯的树上扒柴火。再看周边，有几棵树也是同样。许衡纳闷儿，上前与老者搭话。原来山上地势难以存水，不能灌溉，只能靠天收成。这不，在大汛之前连着干旱了一年多，这树又长在塄头边上，存的水分不多，就"渴"死了。许衡问道："干旱天连树都'渴'死了，人怎么吃水？"那老者笑道："人总得活着不是？那就挖蓄水池存呗！"

许衡告别老者，一路想着心思回家：没有泉眼，坑里存水吃，多不干净？山贼祸乱，岂能安全？算了，这趟白跑了！

之后，他又到南乡（河内县南边的农村），见只能靠种地吃饭，农人们艰难得只顾温饱，还不时得交名目繁多的苛捐杂税。他也摇头离开了。

中秋节过后，恰适几位文友到家中造访。正好那日天阴不算热。于是几人商定：到东南边去看望另一位文友。

大家一路走着，谈古论今倒也惬意，直到午后时分才到达。但扫兴得很，文友早几日就出门远游去了。文友们情绪沮丧："访友不见，打道回府。"许衡想独自云游寻觅居所，便漫无目的地一路向前。

一日，一处所在令他驻足细问。

这是一个坐落在太行山南麓的偌大村庄。据老人们讲，始建于金代。村上李姓来得最早。他们在荒草野丛之中开荒种地，后来盖起了房屋。有了人烟，居住的人也就逐渐到来。所以，这村因李氏来得最早叫做"李封"。之后，又陆续迁来了张、王、牛、朱等姓。成了姓氏多、村落大、远近闻名的大集镇。正如当时的河内县十大村庄名次排列的顺口溜那样：大清华（今博爱县城），二李封，三柏山，四期城，五朱村，六王封，七府城，八造店，九鹿村，十冯封。李封就是在当时河内县东北隅的"东北社"，又称作"上五村"之首。也就是当时河内县的第二大镇！许衡听得有趣，不觉笑了起来。他这一笑，讲述的老者更是来劲：

在这个大村庄之中，各姓氏住的是：前口张，后口李……街道呢？分为小南街，大南街，东大街，垱门街，宅街，红狮口，主事街，王胡同；除此之外，还有位于村西南隅的西小庄，有几处残瓦房舍，暂时无人定居……

老者说得头头是道，许衡听得津津有味。末了，许衡谢过老者，环顾村之四周：村势呈现出南低、逐渐向北抬升的状况。此村就在太行山南麓，距离登山处也不过一两里路远。再看那村的东西两厢，有两条河界定：听老者说，东边的叫东石河，平时只是干涸的河沟，是一条在雨季流水的季节性河流。它不仅只是一条干河，同时也是两个行政区划的界河。它将塔掌村分为东、西两个部分：河东归属于修武县，河西仍为河内县。此村的西边也有一条南北流向的季节性河流，名叫"廉陈河"，也只是在汛期山洪暴发、突降暴雨时才有河水。再看那村庄的整个地势，它好像是靠在这把大柳圈椅子的靠背上，两边椅子的扶手，仿佛把整个李封村全都搂到了这把大椅子面上，它自然而然地稳坐其中。

"好地方！真乃天作之福地也！"许衡情不自禁地夸赞。

正在许衡赞不绝口之际，从北面走来几位途经的煤窑股东。他们见许衡穿着讲究，从上到下一副雅儒之相；又见他远眺近望，倒把他当成了倒腾煤炭生意的客商，便上前和他搭讪。许衡这才留意观看——原来，这李封村后有好几家私人开办的土窑（小煤窑）。不知是煤矸石集堆，还是煤集堆，如同小山包似的，矗立在煤窑之间。听几位煤窑股东讲煤炭生意得如此地利，许衡来了兴趣：反正是徒步消遣旅行吧，随他们走走又有何妨？见许衡意欲前往，几位股东甚是欢喜，也不再南行，掉转头来，领着许衡直奔煤窑而去。他们热情得很，一边走，一边给许衡介绍这里的煤炭产业——

这里不仅煤炭藏量相当丰富，而且是香煤，无烟无味，连京城里的达官贵人都喜欢用这里的煤炭。开办煤窑是一本万利。有位股东还低声撺掇许衡：有钱就快来入股，让自己的钱，再生出很多的钱来！那位看上去年龄较长者告诉许衡："如果开采'卧牛之地'，就会'日进斗金'啊！"

从他们的谈话之中，许衡不用问就知道了许多的事情。

原来，他们中有的是当地人。他们家境比较宽裕，兑了钱、入了股，又聘了深懂技术与管理的老总，给这些人个大工资，他们就会尽心尽力地替矿主和股东们在窑上出力流汗！到了年终，在工资之外再封上个大大的红包，表彰表彰，就等着那钱"哗哗"地往家里流吧！

许衡不解地问："怎的家里没有种地？"

那位看上去年长些的道："嗨！这有什么难的？如果是秋麦两季农忙，就雇上些农人打短工干几天，播种、收割、晒打一完毕，就再雇上些工人，来窑上采煤，行窑挣钱。岂不是既有粮食吃，又有银钱花吗？只要不发生天灾人祸，哪能吃穿花用得尽？"

说话间，已行至快到煤窑的半山坡上。一位股东还扭过身来，面朝南指着那片开阔、平坦的庄稼地给许衡看。

许衡这才回转过身来观看。呀！原来这村的南边有这么多的良田！看来，他们几位并非吹牛！他寻思着：这些人亦工亦农，又兼商贸，生活肯定会过得去！即使是这里的老百姓，只要肯干活，是饿不着肚子的。

在这些股东中，有一位外地口音的。经询问，原来他是在这里开粮食坊的。看到粮食生意没有开采煤炭钱来得快、来得涌，就改行入股，当上了股东。对于他的这些话，许衡并不动心。只是后来的几句话，正是"说者无意，听者有心"。那位接着说："……我在此地已经落脚六七年了。使我最舍不得的是这里的人热情好客，不欺生！"

听到这里，许衡不由自主地联想到了，父亲无计其数地念叨过的阳缓里。又想：哪里人好，就应当到哪里去。

许衡边听边想着心事，时间不长，就随几位股东到了他们的煤窑。面对近距离的这些煤窑，许衡可开了眼界！呀，仅井筒就有四五对呢！有的正在生产，搞上来的香煤大炭，被太阳照射得闪闪发光！难道，这就是人们所说的"黑金子"吗？它就是以往在京城才能够用得上的香煤呀！自己以前听说过河内县东北社的上五村，到处都有香煤大炭，家家都能用上煤火，今日看来，这些说道并不过分！自己在京城所用的煤火，可方便了。只要适时添加煤炭，那火就能够一直延续着着下去，每顿造炊，再不用像用柴火那样烧锅燎灶地离不开人了。用煤火烧水、做饭、取暖，真是省时省力还很方便！

许衡随股东们到了他们的"官房"。只见几位账房先生埋头算账，只拨得那算盘珠子"啪嗒啪嗒"响。哇，真是大生意、大气派！尽管许衡已经告诉他们，自己暂时不买煤，但股东们仍是非常热情，好客得连自己所带的烧饼夹小车牛肉的班中餐，也拿出来给他吃。许衡非常感动，要付钱给股东，不要。末了，许衡让股东们给雇了几辆独轮小车，买了煤，让他们给送到沁北村。其实，许衡并非出于买煤之目的，只是看着人家折腾了大半天，过意不去，才买了些煤的。几位股东闻言甚是感动。本来，他们就是要到村里去办事的，只是看他路生，才陪他又折返了回来。许衡告辞要走，他们也正好顺路相送。许衡甚是感激，心想：真是几个好"向导"！

于是，许衡随他们往下走。不一会儿，便到了李封村西的瓷器窑场。据他们介绍说，这窑场是宋代就有了的。由于本地土质优良，火候得当，做工精良，釉色细腻、考究，烧制的碟子在盛夏酷暑季节，一两天地放菜都不变味儿、腐败。正因为有了这诸多的优越性，所以每年除了给皇上贡品之外，还要远销到黄河上下、大江南北，及至海外！哎，他们这里的人真有福气！仅那些个发货之后留下来的次品，就令当地人享用不尽！据说，这里瓷窑的老板，有的早已成了富商巨贾，家产多得无计其数！再加上别的生意，一路京城之行，都不需要住旅店，全是住在自家的生意店铺里。

许衡听到这里，好奇地扫了正在忙活的窑工、泥工一眼。但见他们衣衫破旧、瘦骨嶙峋。想着他们为了养家糊口，一定吃了不少苦头，许衡心中不觉酸楚。再听听他们的口音，大都、河南、川、陕、辽各不相同，禁不住叹息："哎，天下穷人都一般哪！但愿他们能够健健康康、长久做下去，也好养活一家老小！"但转念又想：不过——这李封村的确是个好地方！自己，也包括自己的父母亲，因为战乱、兵燹，多年流离、寓居，饱受颠簸、跋涉之苦，始终没能找到像李封村这般富足、活便的安身之所！更没能找到像此处这么地势居高临下，是永远不会被淹的安全家园！还有最令人欣赏的是这里地势保险：如果河内官政还是暴虐，涉过东石河就到了修武县界；要是想再回沁北村看看，翻过廉陈河往西，就是一漫平川；倘若遭遇兵匪盗抢，要不了一顿饭的工夫，就会很快遁入太行山中逃生……

想到这里，再望望已经近午的太阳，他改变了马上回家的主意，告别了诸位股东，向东边的村中走去。他晓得了，村中的盐店街有客栈——这里客流量大，光客栈就有几家。更有多家骡马店，是专门供给来往拉货的车马用的。这里真是个做煤炭生意的集散地，热闹非凡！是时，他已经有了九分主意，心情舒畅多了！午饭后，他又到村中转了一大圈儿。夕阳西下时分，他将脚步停在了西边的小庄。

村西的小庄，东临天堑廉陈河，西面的打麦场上堆放着麦秸垛，那些个残瓦房中，有开油坊用来点火的柴草等，有的空闲着。这样的环境，实在僻静得很，真是个理想的所在！抬头西望，红日已坠入山中。这晚，他要留下来的，不光是天色已晚，还要趁着夜间，多了解一些全面的情况，也好做最后的定夺。

夜里，在旅店里，与几位常来的客商聊到深夜。入睡时，就已下定决心要迁居李封。

回到自己的祖籍沁北村，将情况告诉了夫人。敬氏贤淑，一切都听"老爷"（旧时妇女对做官丈夫的尊称）。于是整理家什行装，择吉日乔迁到李封定居。之后，又在李封小庄的东石河沿上盖起了四合院住宅（今人称之为"后老院"）。

说来也是神灵庇佑，此许氏一脉枝繁叶茂至今，数以万计的后裔聚居在李封的一、二、三村和东冯封的许庄（五街）。

许氏早已是李封村的姓氏大户，都感激先祖许衡当时煞费苦心地正确选择，多处考察，择居李封。

河内太守寇恂与朱村寇

寇元庆　提供素材

我国古代著名人物之一的寇恂，是中站区北朱村寇氏的祖先，留下了许多美丽的传说——

寇恂生年已无可考，卒于公元36年。其字子翼，上谷昌平（今北京市）人。东汉名将"云台二十八将"之一。

公元23年，光武帝刘秀南定河内，想命将留守，但考虑到更始帝的大司马朱鲔等盛兵仍占据洛阳、并州，一时想不出合适人选。为此，他征求邓禹意见。邓禹认为寇恂文武兼备，可担当此重任。于是，刘秀任寇恂为河内太守行大将军之职。

刘秀殷殷嘱托寇恂："河内郡坚民富，我要依托它成就大业。当年高祖留萧何镇关中，而今我委托您守河内。望你坚守土地，转运军资，厉兵秣马，助我共图大业。"此后不久，刘秀北伐燕、代。寇恂统领属县，讲述兵事，教习战守；砍伐淇园之竹造箭百万余支，养马两千匹，征收租税数百万斛，并将其及时转运到前线供给军资。

朱鲔闻得刘秀北征，想河内势孤，欲乘机而入。刘秀派诸路大军从巩县渡河进攻温县。寇恂闻警报立即整军出发，并通令所属各县发兵温县会合迎击敌军，下令部队直赴温县。第二天，两军战于温县城下，正好偏将军冯异派来的援兵及各县兵马赶到。寇恂率兵奔杀，大败敌军，乘胜追击。直到洛阳城下斩杀苏茂副将贾疆，茂军投河溺水者数千人，被俘万余人。寇恂率部绕洛阳城一周，渡河而还。从此，朱鲔丧胆，洛阳城门昼闭。刘秀大喜，众人纷纷向他祝贺，并劝他即位称帝。刘秀从之，登上了帝位，称帝光武。

光武帝纵横征战，军粮急之。寇公转运前后不绝，光武帝屡次传诏慰问嘉奖。

光武帝攻洛阳前先到河内，寇恂请求随军出征。光武帝说："河内不能没有寇恂。否则，我就担心军需！"寇恂屡次请求，光武帝执意不肯。无奈，他只好派侄儿寇张、外甥谷崇率精锐骑兵，为光武帝作前部先锋。光武帝欣喜委任此二人为偏将军。

公元26年，寇恂因谗言被罢官。数月后又被起用为颍川太守、汝南太守等。其因功高被封为雍奴侯，邑万户。寇恂多次平叛讨贼，深得百姓拥戴。其明习经术，德行高尚，朝廷器重，遐迩闻名。其戎马一生奋其智勇，所得俸禄却往往厚施亲友故旧和从征将士。他常说："我靠将士们的勇猛才能有今天，哪能独享其成？"

他治民有方，威望素著，奉己为国，顾全大局。时人无不敬仰他的长者之风，都认为他有宰相的器量与才能。

寇恂居官河内（今沁阳市），深受百姓爱戴。调任时，百姓纷纷拦道请求光武帝："愿从陛下复借寇君一年。"刘秀只得允准"再任一年，造福河内"。

公元36年，寇恂去世，谥威侯。葬于河内太行南麓，钦命树碑颂之。原墓地于今焦作市博爱县月山镇屠王村东北寇氏祖茔。1985年因修筑铁路复线用地，迁至月山之阳。

大明天启六年，始建寇公祠在河内郡南门。春秋祭祀，岁以为常。

寇恂戎马一生，业绩辉煌，历代文人多有记述传颂：《后汉书》《怀府志》等皆有英名。

因寇恂功勋卓著，逝后其之子、孙，侄、甥和女婿均被封赏。以战功封列侯者凡十数人。

寇恂后裔陆续从博爱县屠王迁出，分居于吕店村、下期城和北朱村。加上原居住地屠王，寇恂后裔如今分布于四处。

北朱村的寇氏一脉，清雍正八年（1730年），寇恂七十二世裔孙温如始迁，现已繁衍至八十四代。今屠王、北朱村皆有寇恂画像和寇氏宗谱，这是后话。

唐宋大家韩愈西王封后裔

据传说：中站区西王封村的韩氏，是唐宋八大家之首韩愈后裔。那么，就让我们从韩愈说起吧——

文起八代之衰

韩愈（768～824年），字退之，唐代河内河阳（今河南孟州）人。自谓郡望昌黎，世称韩昌黎。韩愈是唐代古文运动的倡导者，宋代苏轼称他为"文起八代之衰"；明人推他为唐宋八大家之首，与柳宗元并称"韩柳"。有"文章巨公"和"百代文宗"美称。著作颇丰，有《韩昌黎集》四十卷，《外集》十卷；能够收集到的诗作，仅入选《全唐诗》的就多达三百三十多首！

文触大夫感悟

这位满腹经纶、才华横溢的赫赫鸿儒，用生花妙笔，拯救了不少仕宦高士的灵魂。

唐代德宗贞元八年（792年），一位名叫阳城的高士因品德高尚，被朝廷聘为谏议大夫。但其在职五年，却不问政事，成日与两弟饮酒作乐。

一天，阳城大夫酒桌上的觥筹交错戛然而止，起因是一篇引起轰动朝野的文章《争臣论》。文章直言不讳地批评阳城大夫的不作为，并言为官从政的基本准则是"君子居其位，则思死其官；未得位，则思修其辞以明其道"，这位谏议大夫读后起身反省，心生惭愧。问及《争臣论》作者，竟然是新登进士第、尚未被朝廷授予官职的25岁韩愈。

宦海沉浮忠贞

这位古文运动的领袖，刚直不阿、清正恤民的美好品格，使得他命运多舛，两度被贬官职。

一是在唐贞元十九年（803年），36岁的韩愈刚刚上任监察御史，就向唐德宗上呈了《御史台上论天旱人饥状》，直诉关中大旱民不聊生现状，恳请朝廷为民减免赋税。这本来是件好事，但因奏折言语真切而又犀利，得罪了隐瞒灾情的权贵，不久便被贬为阳山县令（今广东省阳山县）。此后10年不得重用。

二是在唐元和十四年（819年）抗佛犯上。唐宪宗从凤翔法门寺迎佛骨入长安，整个京城为之轰动：有钱者争先慷慨捐献财物，无钱者遵从和尚教导烧焦头皮和手指残身，以示对佛祖之虔诚。韩愈认为有悖先王之道、不利国计民生，是荒唐之举。但因是皇上所好，群臣不言其非，御史不举其失。唯独年届52岁、官场沉浮的韩愈忠心直谏。他因参与平定淮西藩镇之乱有功，才挣得个"刑部侍郎"之职。可他毫无顾忌地上奏一本《谏佛骨表》，奏章直指唐宪宗事佛迎佛骨，是"伤风败俗，传笑四方之举"，要求宪宗对佛骨"投诸水火，永绝根本，断天下之疑，绝后代之惑"；并且，态度坚决地说："佛若有灵，能作祸祟；凡有殃咎，宜加臣身。"由于逆揭"龙鳞"，他险些丧命，被贬到了远离长安七千六百里外的潮州任刺史，家眷也被一同赶出了京城。途中风雨交加，他那年仅12岁的小女儿，因经受不起惊吓与跋涉劳累，惨死在了驿道旁。尽管如此，他还是忠心耿耿地牵挂着社稷与百姓。

勇夺三军之帅

尽管不被朝廷重用，韩愈仍是以大局为重，不计较皇帝对他的一贬再贬，依然赤胆忠心地为朝廷效命。

唐穆宗长庆二年（822年），成德节度留后王廷凑反叛，朝廷15万大军被围困深州（今河北深县），55岁的兵部侍郎韩愈被派往宣慰。皇帝担心他出事，另下诏让其不必深入敌营，只在边境上观望事势便可。但他却不辱使命，疾驱入敌营，说服王廷凑，解了深州之围，被苏东坡誉为"勇夺三军之帅"壮举。

此上四事为韩愈不同年龄段之经历，从中体现出了其刚直不阿、无所畏惧的高贵品格。在其位，谋其事；居其位，死其官，是他可贵的从政准则。其一生，始终保持着勤政廉洁、忠心谏奏、体恤百姓的高尚气节。他的这些优良品格，留给了一脉相承的西王封后世子孙。

韩愈远世裔孙一脉，自明代始已聚居于西王封村。据《西王封续修韩氏族谱序》记载证实："……族祖公讳念五，字天数，乃大唐韩愈（文公）之二十二代裔孙。元末明初，由河阳韩庄徙西王封定居，迄今六百余年。椒柳繁衍，瓜瓞绵绵，洎今达二十八代，四千余口人。"韩氏此脉之来龙去脉，跃然字里行间。

用通俗的话说：西王封村的韩氏，是唐宋八大家之首韩愈一脉相承的远世裔孙。

冯道封地与冯封的村名

据说，冯封村名与古代封地有关，但版本却不一。

一说是冯道封地。冯道（882~954年），中国大规模官刻儒家经籍的创始人。字可道，自号长乐老。汉族，五代瀛州景城（今河北交河东北）人。历仕后唐、后晋（契丹）、后汉、后周四朝十君，拜相二十余年，人称官场"不倒翁"。好学能文，主持校定了《九经》文字，雕版印书，世称"五代监本"，为我国官府正式刻印书籍之始。冯道久居相位，食万邑，冯封便是其封地之一。至于冯封的东西之分，那是后话，当时就叫冯封村。

二说是冯伦世袭之上世封地。据碑文记载：东魏兴和三年（541年），冯公讳伦，字五常。公上世以功绩伟业，荣封兹土建村冯封。

至于哪个版本更近史实，还有待于进一步发掘与探究。

东王封村御医靳德茂

靳德茂，曾用名靳煌，字子安，祖籍河内县王封（今河南省焦作市中站区许衡街道办事处东王封村）人。生于金卫绍王完颜永济大安二年（1210年）农历二月二十一日（3月17日），逝于元至元二十九年腊月初五（1293年1月30日）。

靳德茂原本是一位德医双馨的家乡名医。公元1254年（元宪宗蒙哥四年，南宋理宗赵昀宝祐二年），元世祖忽必烈还是藩王时，靳德茂就被征召为跟随忽必烈身边的"尚药太医"。忽必烈南征渡江攻打南宋时，靳德茂侍驾左右，立下了功劳。忽必烈继皇帝位后，更加厚待靳德茂，提拔为"太医院副使"，出入禁宫。

公元1281年（元世祖至元十八年），靳德茂以年老的缘故请求辞官归乡。经过再三上疏，忽必烈才允准。忽必烈念自己藩王时，靳德茂就跟随左右的旧情，封为正三品嘉议大夫、正三品怀孟路总管（辖今焦作一带）官爵，以显厚待。

靳德茂跟随元世祖忽必烈近30个春秋，致仕还怀后还牵挂着朝廷，总是想让圣上也品尝一些家乡的土特产，强身健体，延年益寿。

家乡特产与车马

人非草木，孰能无情？回到家乡的靳德茂，时常忆起在朝时君臣相处的日子，非常想念世祖帝。刚退下来时，每年还能回京看看，每去都要带些家乡的土特产：小磨香油、武陟油茶、山中柿饼和地道的中药补品。每次带去，忽必烈帝都要细问端的。次数多了，就记住了这些——

一是小磨香油历史悠久，油坊多家，怀孟路随处可见。这种工艺隋唐时期开始，留下了美谈。

相传，唐高祖武德四年（621年）春天，李世民与王世充激战失利，由少林寺逃难时被唐初十三棍僧救驾。后途经怀孟时食用小磨香油后大为赞赏，从此"点滴香"美名四扬。

二是武陟油茶秦时就有，称作"甘缪膏汤"。汉代又名"膏汤积壳茶"，是我国历史悠久的传统特产、土贡食品，成名于两千多年前的秦朝末年。据传：公元前206年，楚汉相争时刘邦受伤于武德县，住在姓吕的家里。吕以膏汤积壳茶食之，三个月后刘邦伤愈。为此，刘邦心里感激，赞道："佳膳出武德，膏汤胜宫筵。"他即位后在长安常思食膏汤而难得。于是，召吕某入宫，封为五品油茶大师，并封油茶为御膳。

每次食用，汉高祖都要细细品味武陟油茶的配料：将精粉、淀粉、花生、杏仁和芝麻、高级香料等24物科学配制，不仅食用方便，还具有益肝、健胃、润肺、补肾、提神生津、强身益寿等多种功能。并且味道浓郁、浓而不腻、芳香可口、营养丰富、食用方便。虽是民间风味小吃，但也登上了宫廷御膳大雅之堂！

三是甘甜细腻的柿饼。河内县清期上乡（在今焦作市中站区许衡街道办事处）位于太行南麓。山中柿树随处可见。该处的制作手艺提升了品味：先将成熟的鲜柿子用柿刀去皮，然后晒干，最后装入大缸中用泥将口封严。一段时日之后，去皮的柿子就闷出了一层白霜，成了松软美味的柿饼。因为晒得干、体积小而不易腐坏，每次带去都即口可食。世祖帝很感兴趣：用刀切开横剖面，仔细审视空了的柿心：细腻得四下无裂纹，刀切面如菊花心状，有趣极了！他变着法儿吃，让御厨们制作成点心、熬成汤，总是吃个不够。

四是靳德茂在任时每次回乡，必然要带回一些地道的特产中药材：山药、地黄、牛膝和菊花等。我国最早的药物学经典《神农本草经》有记载。"覃怀地"（怀川指的是今焦作市的温、沁、武陟等地域）所产的山药、地黄、牛膝、菊花皆为上品。靳德茂等历代医药名家由表入里、去粗存精地进一步发掘它们的优秀原始本性，一直流传至今。怀庆府（今焦作市境内）历史上以盛产"四大怀药"闻名于世。特有的土壤与气候条件，造就了它们独特的药性、极高的保健价值。历代不仅享有贡品之荣，还被中药典籍称之为"四大怀药"。

每次卫辉路总管的三子靳荣进京奏事或是奉召而往，靳德茂都要让他带些家乡的特产（含四大怀药）给圣上。忽必烈帝见物生情，必定要细问靳德茂的饮食起居、身体状况。并问：这些土特产离你们家远否？当得知在几十里外时，又问：他如何前往？靳荣回复"坐马车前往"。忽必烈帝说道："难得老爱卿忧朕赤心，回头赏赐他驷乘马车如何？"接着就是丰厚恩赐，以表优隆体恤。那年靳荣事毕回返卫辉前，向陛下辞行时，忽必烈帝说："车马的事我记着，等你下次来京吧！"

可是，还没等到翌年，靳德茂就驾鹤西去。忽必烈帝始闻噩耗很是震惊与遗憾——这就是他御赐方阵车马出行仪仗彩陶俑的原因。当是时，虽然洛阳有此作坊，但民间知之甚少。

张昺后裔与南北朱村

据《明史》全译本《牵制燕王——张昺》记载：

建文元年（1399年）六月，张昺等人部署在城七卫及屯田军士，列九门驻守，打算逮捕燕王，因指挥使张信及库吏李友直向燕王告密，削藩一事败露反被燕王擒拿。燕王立刻调精壮士卒800人，秘密入帐，然后用计将张昺和谢贵骗入府中。燕王劝他投降，张昺说："宁可断头处死，也不会做易主的臣子！"

坚持气节不屈服,以身殉职……

焦作市中站区南、北朱村的张姓,是明代北平布政使张昺之后裔,如今已经瓜瓞繁茂达近万余众。

据《明史·卷一百四十二·列传第三十》记载:"张昺,泽州人。洪武中,以人材累官工部右侍郎……建文初,廷臣议削燕,更置守臣。乃以昺为北平布政使,并受密命。时燕王称疾久不出,知其必有变,乃部署在城七卫及屯田军士,列九门防守,将执王。昺库吏李友直预知其谋,密以告王,王遂得为备。建文元年七月六日,朝廷遣人逮燕府官校。王伪缚官校置廷中,将付使者。绐昺、贵入,至端礼门,为伏兵所执,俱不屈死……初,昺被杀,丧得还。靖难后,出昺尸焚之,家人及近戚皆死。"

明初的京都是南京,张昺的家眷在南京。他只身到北平赴任,遇害后家中并不知情。直到朱棣的兵马打到南京城下,夫人李氏才如雷轰顶、五内俱焚!张昺的五子中,两个大的已经做官,还有三个幼子。眼看着城墙被攻破了个豁口,全家人才趁夜色慌忙逃离出城。多日后流落朱村。因朱村中间有一条东西向的官道分开,所以分为南、北两个朱村。他们兄南弟北,居住了下来。600多年的风雨沧桑,仍有始建于明代万历十九年的"张忠烈公祠",佐证着张昺的刚毅忠勇。

张昺殉职之后,即使是杀害他的明成祖朱棣,也因慕公之忠,特敕封都城隍,立庙南京。并且规定每年的五月十一日(张昺诞辰)为神诞告庙日。

自古英烈照汗青,明代诸君封谥重。张昺逝去后的25年,明代永乐二十二年(1424年)七月,朱棣驾崩。皇太子朱高炽即位,是为明仁宗。十一月,仁宗颁诏为张昺等人平反:"壬申,朔,诏吏部:建文诸臣家属,在教坊司、锦衣卫、浣衣局及习匠、功臣家为奴者,悉宥为民,还其田土……"

明正统年间(1436~1449年),英宗朱祁镇嘉张昺刚直强悍、威武不屈、堪为表率;褒其纯诚翊赞,危身奉上;有功安民,秉德尊业;忠义节烈、至大至刚。谥"忠烈"。

明隆庆六年(1572年)六月,万历皇帝朱翊钧昭示天下:"褒录建文诸臣,建表忠祠于南京。"为建文朝忠臣平反昭雪,优待他们的后裔,"万历元年,诏赦天下,祀建文朝尽节诸臣,于乡有苗裔者恤录";并"发帑建祠,春秋祭祀,颁为定典"。

明朝末年,南明福王朱由崧在南京称帝后,为中兴明室江山,万民学有楷模。于弘光元年(1645年)又赠张昺"太子太保",谥"节愍"。

综上所述，在有明一代的16帝17朝中，约占三分之一的5位皇帝封谥张昺。由此可见张昺忠贞感天，影响深远！

张昺后裔定居的南、北朱村历史悠久，文化底蕴丰厚。现仍有张昺墓祠和明清民国古民居河南省文物保护单位2个。据考古发现，村南的焦克路旁有约300平方米的商代文化遗址一处，黑陶和少量红陶罐、鬲、鼎、钵等器皿。其中的一尊铜酒爵，经省文物专家鉴定，属商代前期稀有文物（现收藏于焦作市博物馆内）。还有历史遗存多处：距村东北约250米处，有1984年被列入焦作市文物保护单位、约1200平方米的朱村汉代墓群。70年代在村东南地发现的东汉砖砌建筑墓群，亦有少量文物出土。在村东北约1公里处，有唐后五代梁王朝的建立者朱温墓冢。如果抛开上述不言，北朱村最早的文字记载是"唐咸亨元年岁次庚午辛未"，也就是唐高宗李治咸亨元年九月，时日为公元670年9月20日。非物质文化遗产五彩纷呈：有焦作市级的背桩、红拳、舞蹈腰鼓三项；另有其他非物质文化遗产近20项。仅记入"中国传统村落档案"的就有10项。这些丰富多彩的历史遗存，得到了区、省和国家的认可：北朱村2013年8月被列入"全国第二批传统村落"。

历史遗存的色彩斑斓，逸闻趣事口碑纷纭，为英豪贤杰、建筑、名物等赋予了鲜活的灵魂。古老悠久的传统村落北朱村，是中国农村文明史的有力见证者。让我们打开这轴历史画卷，进入时间隧道中的精神世界，去享用醇真而又精美的民间文化大餐吧！

古老北朱村的逸闻故事

仙家楼院的传说

根据 张守深、征宝、景福、王洪英等口述整理撰文

据史考证：焦作市府城办事处的北朱村历史悠久。它于唐代咸亨二年（671年）就已经有了历史记载，距今至少有1340多个春秋。这个原本以朱姓居多的村庄，自明代建文年间之后，逐渐以张氏为众。位于该村西南隅的仙家楼院，就是由"忠烈公"张昺之后裔建造。说起先祖张昺及其儿子们，有一段可歌可泣的辛酸往事。

明代建文元年（1399年）七月六日，北平布政使张昺，因忠心捍卫建文皇帝，被燕王朱棣骗缚。劝降不从，厉言怒斥，惨遭杀戮。其游宦之长、次子，为免受株连，逃至朱村，兄南弟北。从此，官道南边的村庄谓南朱村；官道北边的村庄叫北朱村。其两子逃逸此处后隐耀弗张，定居生息。至今，已有650多个春秋，后裔也多达一万余众。

张昺遇害殉职时，正值春秋鼎盛，年仅42岁！忠臣自有正本雪冤之日。即使是两手沾满鲜血的夺权皇帝朱棣，也会良心发现，愧疚无比！就在其执掌江山后的明永乐十二年（1414年），仍因十分钦佩张昺宁死不屈、大义凛然的崇高气节和忠烈壮举，特敕封为都城隍，立庙于南京，谥号以"忠"；并且，将每年的农历五月十一日，定为神诞告庙日，以慰忠魂和恕己之罪。到了明正统五年（1440年）的九月二十三日，英宗朱祁镇颁诏，彻底为"建文诸臣"平反昭雪。赠张昺谥号"忠烈"，并追赠"兵部尚书"。接下来，于明隆庆六年（1572年）六月，万历皇帝朱翊钧昭示天下："褒录建文忠臣，建表忠祠于南京"；"有苗裔者恤录"。于是，"发帑建祠，春秋祭祀，颁为定典"。明末弘光帝（福王）朱由崧，追赠张昺为"太子太保""工部尚书"，谥号"节愍"。北朱村的"张忠烈公祠"，就是根据万历皇帝之圣意，于明代万历十九年（1591年）所建。后来，张昺之十三代裔孙张发祥，于乾隆二十二年（1757年）的农历三月十一日,建成的仙家楼院,就毗连于"张忠烈公祠"西侧。

张发祥为何会与仙家扯上关系?说来还真的是一个从相识到相知的离奇故事。

发祥自幼丧父,是母亲和叔、伯把他抚养成人。他自幼聪敏、勤快,将本来殷实的家道打理得井井有条。一个寒风刺骨的傍晚,一位衣衫褴褛的老者找到他的马房,说想借宿一夜。发祥是个心善之人,随即答应。这晚,他喂完牲口后回家里睡觉,让这位老者睡在了自己的床上。黎明,他又回到马坊喂牲口时,老者起身告辞,并且,将随身带的一个破烂包裹寄放在了他的马房的墙根儿,说是过几天再来取走。可是,一连过了十多天,也未见到这位老者的踪影。那个破烂的包裹放在地上,每天扫地甚是碍事儿。那天,当发祥想把包裹放在桌子上时,竟然没能够提动!这是什么东西?为何会这么沉重?想打开看看,但又觉得是人家寄放的东西,自己不便私自查看。他使足了劲,终于把它搬到了桌子上。就在他放下之际,从包裹的缝隙里闪出一道金光!发祥用目看去:哇,原来竟是金元宝!这可让他作了难:他的马坊里经常来一些聊天儿的人。这么多的珍贵之物随便放在这里,怎么能行?没办法,他只好将它埋藏在了草料篓里,等待老人来取。又过了几日,还是在傍晚,老者终于到来。当他埋怨老者不该把贵重之物随便寄存之时,老者竟笑了起来:"在这寒冷的冬天傍晚,我找了几家都不肯收留;倒是您,不问我的来历,就轻易地让我住在您的马房里。难道,您就不怕我半夜把牲口给牵走了吗?由此足见您为人本分,心地善良、厚道。您说:我不应该酬谢吗?"

发祥闻言多番解释:所以留宿老者,并不是为了财宝,也不知道财宝之事。只是觉得天色已晚,这么冷的天,一个老年人怪可怜的!但老人执意馈赠,并说:有大事相求,等到他的家道富裕后再来张口。老者说:事比较急。您除了勤劳之外,还需要尽快用这些金元宝置买田庄。发祥闻言,只好收下这些财宝。在后来的交往中,老者向发祥倾吐了自己的异类身世和搬家愿望。

之后,发祥果然置买了田地、房产,家道日益兴隆,成了远近闻名的大财东。发祥的"五宅"大名,就是发家之后传出来的。暴富后的发祥果不食言,为狐仙盖起了这座仙家楼院。

当是时,人称张发祥"五宅"。他家不仅拥有良田数顷,骡马成群,还有油坊、粮食坊、粉坊、商号等多家作坊和生意。五宅志向高远,生意一直做到了京城。据说,五宅进京不用住宿旅店,仅住自家的生意行就足够了。生意中,仅山西一省,就有其所经营的一百多家粮食商行!时人都说:五宅家财源滚滚不知来处！粮食越吃越多；粮囤越来越满，多得经常被撑崩；牲口槽里的草料不用添加，却总是吃它不完；就连全村一半以上的深宅大院、高楼大厦，也都是发祥家盖的；就是下人们扫扫仙家楼院的地，还会不知是谁，在青石门墩之上，早已放好了赏钱……他的暴富家道，如日中天般地兴隆，简直就能心想事成！时人都说：没有五宅办不成的事情。然而，竟有一件事难住了他。

张发祥宅心仁厚，家道富裕和谐，母慈子孝。他的母亲经常为有这样一个独生儿子感到自豪。既然单根独苗，他为什么还会被称为"五宅"呢？这是因为：他在叔伯弟兄中排行第五。他的母亲锦衣玉食，绸缎裹身，享尽人间荣华富贵。但是，她只有一点感到惋惜：从未穿过凤冠霞帔！发祥尽管很是富有，但并非达官显贵，实无此物，心里为此实在内疚。为了了却母亲的这桩心愿，他坚持不懈地长时间、多方面打听，最后才得知：山西月宅家有凤冠霞帔。得到这个消息之后，他又经过无计其数地周折往返、多次交涉。但是，对方不仅坚决不卖，就连借意也丝毫不肯松动。眼看母亲年事已高，身体日渐衰退，精神大不如以前，五宅看在眼里，急在心里，却总是弄不到这些自己稀缺的物件儿。万般无奈之下，夜深人静之时，他只好仍以击掌为号，请老狐仙下楼商议此事。老狐仙欣然应允，答应得很是爽快。但是，发祥却还是放心不下。

原来，发祥的楼院落成之后，邀请狐仙家族住在自家主楼的三楼之上。正如前面所说：这位老狐狸已经得道成仙，早已幻为人形，子孙满堂，家族多达数十口之众。但是，家丁兴旺之后，它的管理难以周全。发祥与老狐仙的隔阂，便是起因于它的的裔孙们。

且说发祥的仙家楼院，是"前客、后楼、后花园"的古代别墅群建筑。它是一进两爨院的结构。前院四座房，是典型的四合院；过了四合院北面宽大的客厅，才能够到达楼院。然后，再从楼院主楼的天井绕过去，就到了楼院后面的花园里。据传说，主楼后面是一座一亩多大的美丽花园，里边果树、奇花异草甚多。仅桃、李、杏、枣、樱桃、核桃、柿子、山楂、葡萄等多种果树，就能够三季瓜果不断，应有尽有。其中，还有好多的树，都稀奇得叫不上名字来。孩子们最喜欢的是那棵叫做"铁铃载"的树丛。它的叶子看上去很像冬青，结着如同橘子般的果实，里边的果肉可酸了！这些灌木丛，最低的也高达五六丈，树冠大得遮住了整座房子！居于前院和花园之间的，便是这座楼院。因为后来仙家入住的缘故，被人们称作为仙家楼院。

这座楼院共有楼房三栋：北面的上房楼三层；东、西厢房楼两层。这座上房楼高得出奇，大约至少有五六丈。站在三楼内的南小窗前，远眺黄河之水，就能够将那衣带似的一抹亮光尽收眼底。就是厢房，高度也逾数丈。这座楼院，看上去甚是耀眼、壮观与显赫，奢华得方圆百里绝无仅有。楼内木质的楼板既干净，又干燥，还很舒适。此三栋楼房，只在顶层正中，才有两只前后对流的小小窗户。再要去找窗户，便是那顶楼山墙上的那对小得如同出气眼儿似的圆形窗洞。还有，那三座楼房的墙壁，外壁全是混砖到顶；里面的墙体，是由三尺多宽的硕大土坯砌成的。它的宽度，据说在建造时，就可以松松散散地过去一辆拉料的平板车！这样的楼房，看上去坚固、保险，而且僻静，实在是异类理想的所在！因此，自打楼房刚落成起，老狐仙就携妻带小地入住了这座高门楼。年深日久，人与仙竟成了挚友。每当发祥遇到难办的事情，就请老狐仙帮忙。老狐仙很是豪爽，可以说是有求必应，还真的帮他办成了许多的事情。发祥本来就已富有，再加上老狐仙的鼎力相助，简直就能呼风唤雨、万事俱成！但是，后来发生的一件事情，却为他们的关系埋下了不良隐患。

一日，发祥家刚娶进门的漂亮孙媳妇，到主楼后的厕所去。小狐仙们从未见过如此的美貌，甚是稀罕，挤在楼上那个小小的窗台之上，争相观看、嬉戏。这位新媳妇哪里知晓，狐仙就住在自家楼上之事，吓得哭喊着撒腿逃离。当日夜阑人静之时，发祥击掌请老狐仙下楼小酌。饮酒间，发祥轻描淡写地露出了此事。老狐仙当即就红了脸，拍着胸脯保证：定要以家法惩治，以绝后患！第二天，当那个新媳妇又到厕所去时，一颗血淋淋的狐狸头颅，从楼上的那个小窗口扔出，"砰"地砸到了地上。新媳妇吓得魂飞魄散！发祥闻知此事后心惊胆战！心想：老狐仙对家事的处理如此地绝情！对嫡孙尚能够心狠手辣，万一，哪天自己不经意间惹恼了它，还不知道它会何等不择手段呢！

但是，恐惧归恐惧，事情还在卡壳。眼看着母亲的病情还在加重，发祥心里很是着急！对于凤冠霞帔之事，自己一时实在是难以办成。迫于为母尽孝，他只好再次求助。

老狐仙深谙人情事理，知道事不宜迟。翌日一早，它就奔山西而去。一路之上腾云驾雾，上午之前就到了月宅家里。它施用功力仔细窥探，发现了凤冠霞帔！但是，它放在正房里屋的箱子之中！老狐仙心中还是不胜欢喜！再细窥望：这座主房当屋的中堂画，却是一幅展翅飞翔的雄鹰图！它想：自己已经修道多年，一般的情况都能够对付，当时遇到这类天敌，还是令它不寒而栗！

老狐仙思索一番之后，便有了主意。为小心起见，它只好变作一只蚊子，飞进了正房的里屋。但是，当它欣喜若狂地拿上凤冠霞帔，准备离开之时，却遇到了难题：无论它念动什么咒语，都缩小不了这些贵重之物的形体！它想：

如若耽搁得久了，主人午饭后可能回房歇息，怕是不行；如若像现在自身蚊子这般小的身体，更是不行，根本就拿不了这些个大东西！实在无奈，它只好又幻回人形，速速地拿了凤冠霞帔离去。但是，它刚一迈出屋门，中堂画上的雄鹰，就警觉地拍拍翅膀，"呼啦"一声飞下了画来。老狐仙吓得真魂出窍，急忙逃命。它趁着雄鹰一个小小的盘旋之际，就已经腾空逃到了院后的花园之中。雄鹰哪里肯放过，更是穷追不舍，径直扑向老狐仙。朝着它的脸上、身上使劲儿猛啄。霎时间，它的脸破了，手也破了，浑身鲜血直流，滴了满地，哪里还脱得了身？万般无奈之下，它只好拼着性命，艰难地向后挪动着脚步。一直退到了井台之上，不小心掉进了水井里。

　　雄鹰眼看着盗贼掉进了井里，就是拿它没有办法。因为，雄鹰的翅膀宽大，根本就进不了狭小的井口。无奈，它只好怒目圆睁地等待着。可是，等了半天，也不见动静。雄鹰还以为盗贼是被井水淹死了呢！它正拍拍翅膀，准备回到画上之时。突然，从井口里飞出了一只蚊子。它是专门看家守户的，生性最爱抓兔子、狐狸等，哪里还看得上蚊子？况且，它也并未正眼细看那只蚊子，更没有想到它就是盗贼所变。它只是一门心思地想抓住盗贼后，就置它于死地，哪里还管什么蚊子。

　　老狐仙为帮发祥的忙，也为显露自己的非凡本领，竟然差点儿丢了性命！幸亏，那口井水已经干涸。老狐仙逃出枯井之后，就躲了起来。趁夜深人静之时，才拖着血淋淋的身躯，忍着剧烈的疼痛，逃回了仙家楼院。

　　眼看着母亲已经苟延残喘，快到了生命的尽头。但是，竟然连日不见老仙家的踪影！发祥心急如焚，每日深夜都与老狐仙击掌，邀它下楼问个究竟。那日深夜，老狐仙跌跌撞撞地裹着个头脸下了楼，抱歉地讲明了在山西月宅家，遇鹰遭难、险些丧命之事。末了，还特意吩咐：要尽快派个能者前往，到枯井里拿出凤冠霞帔！

　　发祥很是抱歉，也甚是关切！他特意吩咐下人，将备好的酒菜，交与老仙家压惊、营养；又找来金枪药，为老仙家治伤。但是，当时的他，心里却另有盘算：我何不将计就计地索来活画，让它为我看门守户？老狐仙聚财，老鹰看家守财，岂不是更加保险？至于凤冠霞帔，他立即差快马进京，层层打通关节，终于用重金买到了极品。既满足了母亲的愿望，也了却自己尽孝之意。

　　对于鹰画一事，五宅盘算已定。但是，他要在家守护母亲。可是，无论他怎么有求必应地孝敬，还是未能够挽回老人家的性命。先是守孝，接着大办了丧事。操持完毕这段家事之后，他尽量使自己静下心来，好去料理下一桩事情。

一日，他令一车夫扮作小童模样，牵着骡子，自己手执"神算"幌子，骑上骡子，直奔目的地而去。家有车马无数，他为何还要骑一匹骡子呢？这是因为，到山西月宅家去，大部分路程都得翻山越岭羊肠小道根本就行走不了马车。

两日之后，他们主仆二人，就到了月家庄之外的不远处。五宅下了骡子，差车夫骑牲口归家而去。之后，一副清贫算命先生模样的他，才手执幌子，口里吆喝着，向村中走去。那日，他凭着察言观色的好眼力，巧言善辩的好口才，以"神算"的"功力"，取得了村人们的信服。夕阳西下时分，他还在为村人相面、算卦，月宅家的大管家就到了面前，说是东家请他到府上一叙。

原来，那日午后，回房歇息的月宅，发现放着凤冠霞帔的箱盖儿大开，宝物不翼而飞，当即就吓傻了！那是皇上恩赐的，是作为难见姑母时的念想之宝。如今，宝物失窃，又快到了皇上赐那宝物的日子。万一皇上想起此事，问及或是怪罪下来，岂不是犯了欺君的死罪？既连累了姑母和自己，还可能株连九族！一向过惯了养尊处优日子的月宅，越想越是害怕，就病倒了。病榻上，他实在是百思不得其解：自己住的是上房，是一进两攒院后才能到达的，最是安全；后院和围墙之外，也都搁了看家护院的值岗，盗贼不可能会飞檐走壁，或者是越墙而过！虽说，河南怀庆府的张五宅，曾多次托人上门要买，要借，但是，那来人看上去挺和善的，不会出此下策！况且，他的家又远在一二百里之外，人生地不熟的，怎么可能会得手？月宅思来想去，总是理不出个头绪。他终日在忧愁中胡思乱想着，不觉就已精神恍惚、病入膏肓了。对于月宅的突然病倒，月家上下人等，都不知道究竟发生了什么大事，全在为主人的性命担忧。于是，每天请医、抓药地小心侍奉着。就在发祥到达月家庄的那天下午，月宅的大管家出门，为东家寻觅一位煎药的妇人，无意之中，就巧遇"神算"。他灵机一动，又反转身回府，将此事告知了主人。月宅一听"神算"二字，立马就来了精神，"呼"地从床上坐了起来，随即就让邀请"神算"到府上一叙。

五宅闻言不胜欢喜，还没有给正被相面、算卦者说完呢，就速速地道个歉，随着大管家而去。见到月宅，"神算"自然是先要吹嘘一番。然后，慷慨激昂地拍着胸脯说：百算百中，保证灵验！月宅半信半疑地端详了"神算"一番之后，竟也激动地说："如若灵验，重金酬谢；家中贵重之物，随便拿去！"

就这样，相面、算卦开始了。试想啊，五宅怎么会算得不准呢？末了，月宅差下人到后花园的井中察看。原来，井水真的已经枯干；凤冠霞帔果然还在井中！活井成了枯井，就连月宅自己还不知晓呢，更不要说凤冠霞帔也在井中了！见到宝物，月宅心病大除。对"神算"佩服得五体投地，并盛情款待数日。

"神算"在月府小住了几日之后，就要告辞。临行时，月宅果不食其言。除了送银子之外，还让"神算"随便挑选家中的昂贵之物，看上眼的就拿走。出乎月宅意料的是，自己眼前的这位卜算寒士，竟然钱、物全都不受。月宅真心实意地赠予，"神算"全都不受地谢绝。推来让去多时，谁都不肯让步。这样的结果，令月宅更加过意不去。末了，发祥说：只是特别欣赏月宅家的那副雄鹰中堂画！月宅根本不知道，这幅中堂画上的雄鹰是活的；更不懂得它的稀世珍宝价值。于是，便爽快地让下人随即取下、卷好，赠予了"神算"。在接到宝物的那一刻，发祥很是兴奋——山西之行的目的达到了！

发祥刚回到家中，顾不上洗脸和歇息，就速速地让下人把鹰画展开，挂到了正房二楼内中央的墙壁之上。他是这样想的：狐仙住在三楼之上，雄鹰居于之下，它是不会扰乱狐族的；况且，老狐仙家族众多，又入住得早，雄鹰只是一只，还是初来乍到的，想它也不敢把狐仙家族怎么的！其实，这只是发祥的一己之愿，雄鹰可不会那么地仁慈。残酷的事实，结出了事与愿违的苦果！

自从鹰画入驻之后，老狐仙家族可就倒了大霉：凶鹰不时窗口"造访"。即使是在有月光的深夜里，老狐仙也不敢大着胆子，打开那前后对流的小小窗户，稍微地透透气息。因为，只要听到响动之声，凶鹰就会扑棱着硕大的翅膀飞到窗前，吓得小狐狸们没命逃窜！原来，老狐仙的内人很喜欢看戏。只要北边的西大庙里唱戏，她就会将两只腿伸出窗外，亮一亮那粉红色裤子的下面，自己巧手刺绣的、鲜红的绣花鞋！可是，自打鹰画入驻之后，无论后大庙里怎么锣鼓喧天，还是戏唱得有多么好，仙家楼院主楼的后小窗台上，再也不见了绣花鞋的踪影。自打鹰画入驻之后，无论发祥在楼下怎么击掌邀请，老狐仙都不敢轻易下楼。饱受煎熬的老狐仙，心里憋着一口气，着实恨透了发祥的恩将仇报、歹毒用心！事实上，这个家也实在是无法继续居住下去。为此，它不惜冒着被凶鹰狠啄的生命危险，多次外出踩摸去处，决心要尽快地离开这个时时都会遭到袭击，刻刻都会丧命的凶险之地！

一个天黑如漆的深夜，老狐仙笑着来到了一楼，想要借五宅家的几辆车马一用。发祥思忖片刻，还以为又是给自家拉回什么东西呢，就答应了。这一夜，发祥的仙家楼院内外，车马响动不停。等到天亮发祥起床，细看那些马匹，个个身上都淌着汗水，耷拉着脑袋，全都是筋疲力尽的样子。再看看家中，也没有发现多出了什么东西。发祥心里很是纳闷儿，很想问问老仙家，借车马到底是怎么回事，可是，自打那日用过车马之后，无论他怎么击掌，老狐仙都没有下楼。直到有一天，当发祥看到雄鹰盘旋在主楼三楼的后小窗时，才知道大事不妙！待他上楼看时，满屋子都是蜘蛛的网丝……啊？看来，狐仙家族已经全部搬离多日！原来，借车马是搬家啊！

自此，发祥家祸事连连：正套着车呢，膘肥如油的壮马，就"咕咚"一声跌倒在地，蹬蹬腿，咽了气；正做着饭呢，锅里突然就有了砖头瓦块、赃物什么的；打开箱子、大柜，里面的内财全都不翼而飞；今天孩子生病难医，明日车把式突然丧命……聪明一世、糊涂一时的发祥，是时才意识到了自己决策的错误。不久，又闻王卜昌的王宅太顺的家，得益于老狐仙的鼎力相助，家业日益兴隆，家财已经远远地超过包括五宅自己在内、远近各家的财东！哎，早知今日，何必当初啊！但是，五宅后悔已晚，家业日渐破败！五宅也在悔恨、羞愧之中郁郁寡欢终日。就连山西的一百多家粮食商行，也无心打理。

直到有一天，日益破落的五宅后世裔孙们，以最低廉的价格，将仙家楼院的前客、后楼以及后花园，全部整体易主。卖给了只有半间房屋，实在居住不下人的张定川家。如此坚固、高大、造价昂贵的建筑楼群，怎么会以最低廉的价格出手呢？这仍然是因为狐仙、雄鹰活画传闻令人毛骨悚然的缘故。村人们传说得真是活灵活现，好像这些精灵们仍然还住在仙家楼院的楼上，人人都很惧怕！所以，再便宜也没人敢买！

自打张定川弟兄买下了这座仙家楼院之后，虽说一家人居住得一向平安，从来都不曾见过传说之物。但是，他的二儿媳终日里提心吊胆地小心度日，不敢高声言语。甚至，就连夜里睡觉也害怕得蒙着头，大热天也要裹住脑袋！那么，当时的他们这么害怕，为什么还要买下这个楼群呢？实在是因为没有办法！张定川的母亲娘家殷实，在她出阁之时，陪送了几件上好的木制家具。婚后，因为半间房子实在狭小，家具无处摆放，大部分被棚在了半空中的阁楼之上，半辈子都无法使用。后来，她眼看着自己的两个儿子身高树大、娶妻在即，竟然愁得喝灌粉自杀了！张定川弟兄悲痛不已！正是为了争回这口怨气，才省吃俭用地硬撑着买下了这座谁都不敢要的仙家楼院的整体建筑！

但是，有一点可以肯定：这座楼院由于根基坚固，建筑结实，也为后世裔孙们带来了救命之用。

这座仙家楼院，被后人们称之为躲兵楼：日寇进村，远近的村民们躲到楼上。一、二楼都没有窗户，往楼里啥都看不见。老人们很有心计，留一人在外边锁上了门。小鬼子以为是座空院呢,恼怒地抡起火把烧房子。可是,那木制的门板上涂了阻燃的油漆,混砖到顶的墙体结构也点不着火。小鬼子气得用大皮靴"嗵嗵嗵"地使劲儿踹门,顶得脚指头生疼,"哇哇"地乱叫。其实,他们还不知道,屋内门后那根顶着门的、粗大结实的拦门杠,是无论如何也弄不掉的。弄不掉拦门杠,他们又怎么会打得开门呢?皇协军来了,远近的村民们以楼为碉堡、工事。男人们在上边一层的小窗口瞭望,掌握敌情,严阵以待。壮汉们把着楼门,举起了大刀。民国三十一二年,不仅天有蝗旱之灾,而且人祸频发,贼来匪往不断。特别是盘踞在太行山上十二会村的那股土匪,他们十分强悍,气焰嚣张,个个身上都带着枪!太阳还有老高呢,就明目张胆地到村上横抢。远近的人们躲在仙家楼上,幸免于难。

直至新中国成立以后,那些堆放在仙家楼院内墙跟儿的砖头、石块儿,还在见证着它们作为自卫抗恶武器作用实物的史实。可别小瞧了这些东西!在不平稳的年代里,有敌情时用来防御和进攻!用过后到了楼下,然后,大家齐心协力地又把它运回到顶楼。如此周而复始地循环使用,躲过了无数次的劫难!那厚厚的墙体,真可谓之刀枪不入,任何子弹都打它不透!正是由于上述种种原因,保全了楼内诸多人的性命!

就此而言,坚固的建筑,如同修筑抵御外患的长城似的仙家楼院,再加上最常见、普通的砖头与石块儿,无计其数地拯救了发祥裔孙们的性命!它被称之为"救命楼",实在是当之无愧!受益的后人们,由衷地感激着发祥爷爷建筑仙家楼院的初衷与良苦用心!

这座仙家楼院,多次帮后人们躲过了天灾。几次洪汛,护村堤坝决口,洪兽横冲直撞进村,淹没房屋,卷走牲禽、财产。远近的人们避于楼上,免遭厄运……

新中国成立后,这座仙家楼院的主人,换成了张定川的孙子夫妇。共产党员的张景峰、王红英夫妇满身正气,不信传说的邪,安然地居住着。

仙家楼院伴随着历史的步伐,走过了清朝、民国、抗日战争、解放战争、新中国成立、合作化等各个历史时期,一直坚强地屹立到改革开放的当今时代。

随着时代的进步,以及社会主义新农村建设的冲街规划,村人们对民居采光、宽敞等的舒适度需求,也相应地大幅度提升。从1984年的4月起,一直延续到1990年的农历正月二十日止,先后拆除了东、西厢房楼和主楼。昔日的仙家楼院,在今日的时代进步中,已经粉身碎骨、化为乌有!

今日的仙家楼院三座楼的遗址,已经变为平坦的小街;在后花园的遗址之上矗立着的是张景峰、王洪英家的那座阔门、大窗、三层现代式的民居楼房。

如今，虽然仙家楼院已经踪影全无，建造它的主人也早已驾鹤西去200多个春秋。但是，仙家楼院那生动离奇的传说，还仍在继续……

发表于《焦作晚报》2010年7月26日"人文山阳"同名文章 有缩略

御前侍卫长张瘦

相传，在河南省焦作市府城办事处的北朱村，明初北平布政使、英烈公张昺之远世裔孙张瘦，是怀府八县（今焦作市的沁阳市、修武、博爱、武陟等县市）盛传三百余载不衰的奇特神秘武魁。曲折而又离奇的故事，富有神话色彩。故事中的主人公，确实真有其人。

张瘦，祖籍河内县（今焦作市境内）东北社的北朱村人，大约生于清代雍正末年。其祖居于北朱村一道街之阳偏东。当时其家境还算过得去，全家吃穿不用发愁。

据说，张瘦上有三位兄长，他排行四。伯、仲、叔兄个个长得仪表堂堂，为人处事彬彬有礼。唯独他这个老疙瘩的季弟，从小就饭食惊人，要比同龄的孩子多吃好多倍的饭食。尽管他吃得很多，可看上去还是黄皮寡瘦的。他从小就不受父母待见，因而沉默寡言，轻易都不与人交谈，行为上更为怪异，改换了门庭，终日里端着个不悦的面孔，不受人喜爱。并且，还有一把子野里野气的蛮力。本来，他们家的日子还算充裕，不料，后来连年遭受蝗、旱之灾，经常是吃了上顿没有下顿。于是，饭量惊人的张瘦，终日里饥肠辘辘，不得不额外觅食。人们经常会看到这种现象：谁家跑到街上的鸡、鸭、鹅、羊，以及小猪、小狗什么的，只要遇到了他，就难得逃条活命。然而，最令人不能容忍的是他将抓住的禽类，随即一拔毛，"咯凌咯吧"地就撕着吃掉了。满嘴的鲜血，看着挺瘆人的！那些个可怜的小猪小羊，被逮住就"格吧"一声扭断脖子，扔掉头颅，"刺啦"一下揭掉皮毛，揪着腿啊什么的就吃。那样子残忍极了！刚开始的时候，街坊邻居们都还给他的父亲留着面子，不好意思当面说穿。然而，人们的忍耐是有限的，损失是惨重的。到了后来，许多人家找到门上，诉说着他的种种不祥，并要求包赔损失。他的父亲是极守本分的人，觉得丢了面子，总是先给人家赔礼道歉，然后再包赔损失。与此同时，老夫妇心里很是憎恶，心想：大家都说他是阎王殿里害人的妖精转世，是专门来世上给他家惹是生非、败家的。众人的说法，让这对老夫妇心惊胆战。一想到老来得了这么一个不肖孽障，就觉得万分羞愧。日子长了，到他家告张瘦状的人越来越多，其父母多次教训都不奏效。老夫妇实在拿他没有办法，竟动了为民除害、灭了他的念头。但是，这毕竟是他们的亲生儿子，怎么忍心下得了手呢？他们商议多日，终于有了主意，最好还是让他自生自灭。

原来，他们家在村的东北地里种了几亩西瓜。天旱，瓜苗长得不好。他们把小儿子派去浇园、看瓜。地里没有水井，只是在地旁不远处的涟深河里，时不时的会有一股极小的河水。据说这条涟深河是季节性的，上源很远。如果在那很远的上游地带融化了雪水，或是降了大雨，就会顺流而下地淌到张瘦家瓜田东边不远处的涟深河里。这股水因为流程太长、路途遥远的缘故，不是断流，就是流量极小。张瘦被父母派到了瓜田里，他自己认为是件好事：除了大嫂之外，全家的人都不理他。别看他言语不多，其实心里明镜儿似的知晓他们都不喜欢自己。离开家正好，免得看他们的脸色！再说，自己有的是力气，不怕那连深河沟深水小。只要自己用心给瓜田浇水，不就有了西瓜吃了么？自己还可以少挨些饿呢！想到这里，他的心舒畅多了！

这块瓜田，是张瘦的父母为谋害小儿子，专门开辟新种的。因为，东南地的土头好、地力足。况且，还有二支河的灌溉，不缺水。所以，适宜种植西瓜、甜瓜什么的经济作物，产量也高，收入自然不菲。然而，这年干旱，河里经常断水，已经没有了种瓜的人家。那么，作为老庄稼汉的张瘦之父亲，为什么要在这贫瘠而又缺水的地里安西瓜呢？说来真是煞费苦心，想要置小儿子于死地。

在那饥年饿月的日子里，别说是安西瓜，就是种粮食也不可能浇到水的。村庄的东北地里，那条连深河里的水不多，也不常流。在那河的河滨之上的洞里，却住了不少的狼虫虎豹。所以，人少了就不敢前去，惟恐被野兽所伤。爹娘让他去管瓜田，其实就是让他去送死。因为，已经被野兽伤了好几个人的性命了。他的爹娘想：他还能够例外？再说，让他白天到河里去挑水，那么多的野兽，还不把他给撕着吃了？还有，夜里他一个人住在看瓜的小庵儿里，哪有逃脱的可能？一句话，他们是想要尽快地除掉这个闯祸的阎王！

谁知，吉人自有天相！无论白天还是黑夜，张瘦全都是安然无恙。这天，都快晌午了，还不见张瘦回家吃饭。老头子认为小儿子被野兽给吃掉了。尽管有了这种想法，可还是不放心。老两口要到瓜地看个究竟。可是，他们出村刚走不远，就看见自家的瓜棚旁，蹲着一只又肥又壮的黑狸虎，头仰得很高，像是很得意的样子：坏了！这个忤逆不孝的家伙，一定是叫大老虎给吃掉了！老头子这样想着，已经吓出了一身冷汗！他想，今年的瓜田准没有人敢再来了！

老两口尽管很想让小儿子死，但还是不由自主地滚下了几滴老泪来。不料，他们还没能擦干眼泪，小儿子已经回到了家里。并且，破例地笑着对二老说：

"爹，娘，你们快看看我抱回的这个大西瓜！是我种的，可甜了！"

"什么，大西瓜？你种的？"老两口不约而同地惊讶问道。

原来，自打西瓜安上之后，他们老夫妇就从来没到地里去看过，更甭说除草、浇水、施肥了。倒是他们的小儿子勤快，一担担地从那两座楼房高似的河沟里挑上了水，浇到地里；又一堆堆狼屎虎粪地铲了、收了，上到了瓜秧子边上。那西瓜喝了水，有了营养，能不长得好吗？再尝尝那个大西瓜，又沙又甜、十分爽口，心里很是纳闷儿。

在这个从春到夏的时节，张瘦过得很是开心。那天，他爹看到的那只黑狸虎，就是他吃了几个西瓜后，饱了，惬意了，也就不知不觉地睡着了，不经意间现出了原形。就这样，他每天太阳还没落山，就奔瓜田而去。到了第二天早上，干完活之后，才返回家中吃饭。在这段时日里，他的脸色也红润多了。

可是，好景不长。萧瑟的秋风，卷走了他的短暂得意。一天太阳落山之前，他又要到瓜田里去。当他行至大门口时，大嫂拉住了他，把黎明自己起来做饭时，听到的意外而又严重的话告诉了他。原来他的爹娘正在商议：眼看天气已凉，小四就要从瓜田里回来了；清静了几个月的耳朵，又该听到告状声了！怎么办？他们商量着：要么，等着他回来了，就在饭里放点儿老鼠药，把他给药死，以绝后患！大嫂听得毛骨悚然：哪有这么狠心的爹娘？太歹毒了吧！于是，她告诉四弟："等到夜里爹娘熟睡之后，我给你烙上一袋的干粮馍馍。趁着天还没明，你就赶快背上干粮，远走他乡，逃命去吧！"

说着，善良的大嫂哭了。就这样，翌日的黎明，他提前从瓜田里回到了家里，拿了大嫂为他准备的干粮，磕头谢过救命之恩，便漫无目的地逃命去了。

别看张瘦个头高，其实，看看他那单薄得像豆芽一样的身材，就知道他是一个不谙世事的毛头小子。那日多亏大嫂相救，他才活着逃出了家门。可是，往哪里去呢？足不出户的大嫂不知，张瘦更是不知。因为，他从记事起，娘就不喜欢他，从来不带他去哪里。最为典型的是他连只有七八里路远的李封集市都没有去过，更不要说其他的远地方了！他从家里逃出的那个黎明，天阴得一片漆黑，什么也看不清楚。他毫无目标地走着——也只能够这样了。因为，他从未去过一位亲戚家里，也从没跟他们说过话。甚至，亲戚来了，娘嫌他长得瘦，还有意把他给藏了起来或是支开。如今，连亲爹亲娘都想加害自己，谁又能够靠得住呢？一向不流泪的他哭了，恨娘不该把他生到这个世界上来！天亮了，他根本就不知道自己逃到了哪个地方。再加上爹娘没叫他上过学，不认字，即使是看到路旁的石碑、牌子，也不知道上面写的是什么，实在是可恨！但是，可恨归可恨，逃命才刚刚开始。尽管大嫂为他烙了一夜的干粮，满满的一大袋子，尽管他不敢放开量来吃，可那干粮总是有限的。还没几天呢，他就把干粮给吃光了。在以后的日子里，他完全沦落为叫花子。白天，他趁着饭时，走东家、串西家地沿门乞讨。夜里困了，或是睡在破庙里，或是睡在大户人家的门楼之下。刮风下雨的天气不少，张瘦受尽了人间的苦难！深秋还算好过。到了冬天，夜里为了取暖，他常常睡在大户人家的草粪坑里，铺的盖的全是草粪。他不是不嫌臭，是没有办法的事。不然，他就会被冻醒。

正如前面所说，他确实是有"天象"——是府官儿做的梦，彻底地改变了命运！

怀庆府的府官儿姓李，年过半百，膝下只有一女。那天夜里，北风呼啸，暴雪狂降。已经入睡的李大人，突然被噩梦惊醒：自己的衙门之前，怎么会有一只硕大的黑狸虎把门儿呢？他差衙役们打开门儿去看，明晃晃的灯笼之下，一切照旧，什么也没有！衙役回禀之后，李大人又躺下睡觉。但是，没睡多长时间，那只黑狸虎就又把他给惊醒了！他又差衙役们去看，还是什么也没有。咋回事？李大人很少做梦，心里很是不解，又躺下睡觉。好不容易才睡着，就又被那黑狸虎给吓醒了！这次，他不睡了，穿衣坐了起来，一定要等到个结果。他吩咐衙役：不要光在衙门前看，要走得远一些。于是，衙役们个个打了灯笼，仔细出门寻找。果然，在离衙门大约半道街的地方，听到了特大的鼾声。衙役们仔细寻找，发现鼾声来自一个很大的草粪坑里。衙役们大声喊叫，一个个将那灯笼提到了草粪坑的沿儿上仔细观看，不见人影。再细看时，仿佛是一只硕大的老虎埋在草粪之中。怪不得鼾声大呢，原来真的是一头可怕的黑狸虎！虽然，当时雪下得很大。但是，他所睡的粪坑处不见落雪，怪瘆人的！衙役们招呼着都集中到了这个草粪坑边上，个个胆战心惊地握紧了手中的武器，防备黑狸虎伤人。可是，他睡得很是深沉。众衙役齐声喊叫了好一会儿，才听到有人回答："叫我干啥呀？"

衙役们都惊呆了：原来，是个人啊！黑狸虎怎么转眼之间就不见了呢？看来，是被老爷所说的三个梦中的"黑狸虎"给吓昏了头！不管怎样，折腾了大半夜的"黑狸虎"之梦，总算找到了应兆的活物！

是时，李老爷已经穿衣起床，正襟危坐地等待结局。当他闻知是睡在草粪坑里的一个乞丐时，欣喜地令人给张瘦烧水沐浴，又拿来了新衣服给他换上。正如俗语所说"人是衣裳马是鞍"。沐浴更衣之后的张瘦，瘦是瘦了点儿，但是眉宇之间透着清秀，倒是一表人才。李老爷很是欣慰，相信他的这个一连做了三次的"黑狸虎"之梦有了应兆！问及姓氏名谁、家住哪里、为何沦落到此种地步，张瘦含泪一一实言回禀。李老爷又仔细地相看了他一会儿，思忖片刻后问道："后生，可愿留在本府效力？"

张瘦闻言先是受宠若惊地叩头谢恩，然后慷慨应允。但是，他还是忍不住说出了自己的"短处"：一是饭量太大，能吃饱饭就行；二是自己闲不住的，得有点差事干。李大人和众衙役听后，立刻爆发出一阵笑声，反倒使张瘦觉得很不自在。就这样，从那个雪夜开始，他就留在了府衙。李大人亲自为他安排了住处，特意让厨役取出了一篮子馍，又烧了一大锅汤，炒了一盆儿白萝卜丝。闻到饭菜的香味儿，张瘦强等了大约两刻钟的工夫之后，便在一小会儿的时间里，狼吞虎咽地将这些吞噬殆尽。这顿饭，是李大人亲眼目睹。饥肠辘辘的他哪里还顾得上"斯文"？自从离开了不得不离开的家里之后，他从来都没能够吃过饱饭。今夜意外遇到贵人，竟还能够放开饭量饱餐一顿！哎！看来，人世间的事情简直是难以预料！天不绝我，贵人搭救！我一定要珍惜，更要知恩图报、好好当差，干出个人样来给大家看看！想到这里，他一扫乞丐生涯的麻木不仁、毫无目标地活着的惰性心理，对生活充满了信心！

次日，尽管大雪还在下着，但他一早就起了床。先找到扫把、铁锨，把那府衙内外的积雪清扫了好几大堆。然后，又找来两个偌大的花楸篓，将那雪装了，两只手拎起两帮，轻轻地提起，一趟趟地把雪运到了府衙门外的空地上。不一会儿的工夫，就将那府衙内外厚厚的积雪清扫了一遍。李大人因为头天夜里的"三梦"折腾了半宿，起床较晚。是李夫人起得早，亲眼目睹了张瘦扫雪的一幕。她是为这个生人的勤快和力大无比感到惊奇！就在李大人起床的时候，她告诉了他。李大人闻言甚是欢喜，随口说道："对，是个好人，勤人，也是个奇人！有机会，我一定重用他！"

在夫人的追问下，李大人向她说明了昨夜三梦"黑狸虎"之事。李夫人是个精明的贤内助，心眼儿又多，听了自家老爷的言语，笑着接话道："这人是不是犯星象啊？哪天，找来算卦好的先生给观观？"

李大人很是佩服夫人的见底，笑着应允。

早饭，李大人特意令厨役为张瘦准备得比头天夜里的饭食还要多。张瘦呢，笑着又将饭、菜、馍全部吃光！刚吃完饭，他就站在大堂外的雪地里，等着吩咐差事。这倒使李大人犯了难：差人、衙役一位不缺，我该让他干什么呢？正在犯难，马夫攀着胳膊走了过来，畏畏缩缩地说道："大人，那匹红鬃烈马很可怕的！这不，昨晚喂料的时候，它又发疯似的狠咬了我一口——要不是我穿的厚实，这只胳膊还不被它给咬掉了？太可怕了吧！"

马夫一边说着，一副惊魂未定的样子，一边用征询的目光，不时地看看李大人。那样子尴尬极了！张瘦在一旁听着、看着，不觉笑出声来。马夫见人耻笑自己，立马来了火气，顺便说道："老爷，那马像是认准了我了，我也实在是怕了它了！这位新来的面生，要不，让他试试？"

马夫本来是想报复张瘦对他的耻笑。他这话一出口，张瘦愣在了那里，李大人也犯了难：本来，他如此地力大无比，两军阵前定是一员猛将、福将，将来可以派上大的用场。怎么能让他去养马、驯马？马不好可以卖掉，人才可是难得啊！

李大人正在犹豫，张瘦就接话道："大人，反正我也是闲不住的，您就让我一试？"

"好啊，好啊！就让他试试吧！"李大人还未发话，马夫就如释重负般地撺掇道。

马夫的如此这般，倒是解了李大人无事给张瘦做的难言之隐。但是，他不知道张瘦的底细，想来他一个农户家的孩子，不一定养过马的；再说，他又沦为乞丐这么长的时间，能行吗？李大人犯起犹豫来，仍旧没有发话。谁知，张瘦忍不住了，接话道："大人，反正，闲着也是闲着。况且，我又吃得特多。吃饱了不做事，一是感到不舒服；二是良心也过不去！我就试试吧！"

再加上马夫的极力撺掇，李大人只好点头应允。但是，他很不放心，让牵来那匹烈马，他要当面看看，到底张瘦能不能行。

那匹马就拴在马厩里。养马人因为怕被咬，或是它踢了别的马匹，总是给它戴着个笼头，把嘴给裹了起来。尽管如此，它还是嘶叫着、踢着、蹦跳着不好好往前走。见到张瘦，那烈马先是前蹄腾空地嘶叫着，又扑了过去。李大人正捏着一把汗呢，就只见张瘦已经大步流星地下了台阶，疾步跑到那匹烈马前，一个闪身避过它的攻击。然后，又转过身来，随着一声大喝，就朝着烈马的头上，"咚咚咚"地猛击了三拳。就在拳落的霎那间，那匹烈马停住了踢腾和嘶叫，灰溜溜地傻在了那里。

那个马夫笑话没能看到，打心眼儿里佩服张瘦。李大人心里捏着的一把汗，也终于放了下来。想不到，张瘦竟笑着说："好马啊好马！只是，它和我以前那样不得饱食，怎么会不发火、撒野呢？"

然后，他把嘴巴贴在烈马的耳朵边儿上，小声地说了几句话。那马好像通了人性似的，长嘶一声，蹒蹒前腿，扇扇耳朵，服服帖帖地站在了那里，任凭张瘦骑到它的身上。然后，它抬起蹄子，"嘚嘚嘚"地驮着驯服者张瘦，乖乖地回到了马厩里。

这匹烈马，在张瘦的精心喂养、训练下，不仅很快就膘满体壮，而且很是驯服、听话，成了一匹能征善战的宝马——也就是张瘦日后的坐骑。

这件驯马之事，很快就传遍了府衙上下。是时，年关已经迫近。李夫人一再催促老爷：尽快找一位最神的算卦、看相之人。因为，她已经有了心事。

原来，府台李大人虽然为官清廉，人品极正，且又料事如神，但是，上苍并不眷顾于他。虽已年逾半百，膝下只有一女，尚在闺中。此女心高意远，说了几家媒事都没放在心上。他们老夫妇就这么一个宝贝女儿，又舍不得她离开家门。张瘦有了足够的饭食，人才愈加英俊、潇洒，仪表堂堂。他们老夫妇便想把女儿托付给他。

快过年了，李大人终于请进府门一位远近闻名的卜术之士。那位术士一见张瘦，就说是黑虎星转世，乃大富大贵之福相！又说："您的亲爹娘因为命薄福浅，擎受不住，对你才没有亲情与缘分。倘若此时您在家里，可怜您那身为平民百姓的二爹娘，恐怕早就没得活命了！"还说："青少年时期的磨难，只不过是对您的砥砺与考验；好了，有了今日贵人的提携，日后定会前程锦绣，儿孙满堂，福禄寿长……"

至于后来卜筮先生说了什么，张瘦全都没能放在心上。他不相信这些恭维的话，就只知道李大人的救命之恩，日后是应该涌泉相报的；其实，身处逆境的他，当时并没有多大的志向，心想着能够填饱肚皮就行。如今，肚子是能填饱了，真是不幸中的万幸！自己一定要很好地珍惜，出色地完成大人交办的事情；至于日后的"荣华富贵、福禄寿长、儿孙满堂"，全都是些好听的话，是恭维李大人的，于己何干？还是不用多想，实实在在地做事才是正理。不过，先生都说了好一会儿了，还是应该感谢的。于是，张瘦先谢过李大人夫妇，又给卜算先生深施了一礼，告辞后养马而去。

李大人老夫妇闻术士之言，竟欣喜得情不自禁地笑出声来。送走先生之后，李夫人就把这个喜讯告诉了自己的宝贝女儿，并且，试探性地说出了欲招东床乘龙快婿之意。不料，李千金面有不悦。李夫人仔细追问，才得知多才多艺、貌美贤淑的女儿，惋惜与张瘦难以沟通：因为，其虽有一些蛮力气、傻厚道的美德，但是，大字不识一个，十八般武艺全不通窍，日后怎能递进？听了女儿的话，李夫人当即就有了主意。

春节过后，李大人专门为张瘦请来了武教头和教书先生，并且，语重心长地说："好男儿应当自强，知识改变命运。希望珍惜学习机会，专心学文习武，将来报效朝廷！"

李大人的话虽不多，可张瘦铭记在心：一定要立志成才！功夫不负有心人，两年过后，他就文武双全了。

后来，李大人真的把女儿许张瘦为妻，招他为东床快婿，留在府衙效力。

又一个年头过去了，怀庆府北边的太行山上盗匪勾结，经常骚扰方圆百姓。为绝后患，李大人发兵讨伐。张瘦为兵马大将，出战剿灭。出征之前，部队抢鼓开饭。尽管，张瘦吃饭很快，但是，由于吃得太多和盗匪突患而时间紧迫，所以直到出发时饭还没有吃完。因为平时吃得太多，他嫌用饭碗舀饭过于麻烦，所以就以一口大锅为碗，饭勺为筷。那日，他急于出征，就把饭锅绑在了那匹红鬃烈马的后座之上。他倒骑着马行进，正用饭勺舀着饭吃，忽听耳边有人大声喊道：

"元帅，快别吃了！贼寇过于凶悍，我们已经败下阵来！"

话音刚落，张瘦扭头看去，就见敌军追了过来。张瘦怒不可遏地扔掉了饭勺，随手从路边拔起一棵大树，迎头扫荡而去。一时间，敌军被他的左扫右抡打得摞摞翻翻，倒伏一片。敌军见对方大将双手握着那棵数丈长的大树如拿蒿草，就知道他力大无比，有万夫不挡之勇。因此，随即鸣金收兵，得以活命者仓皇溃逃山上，不明白是哪来的这员天将。自打那次战后，贼寇再也不敢轻举妄动。更难以想象：这种从未见过的特大"兵器"，竟被一时兴起的将军，如同抡着一根灯草棒似的。他哪里允许他们多想？只身乘胜追击，直至敌营，抄了他们的老巢，全歼了这些为患多年的邪恶势力！

事后，李大人向朝廷上奏折禀明此事，并请求奖赏张瘦的剿匪功绩。

乾隆帝甚感张瘦是位难得的奇人，将其调入京中，作为御前侍卫。是时，李大人已经年高，请求致仕退养，与女儿、夫人，一同随着张瘦迁居京城。

张瘦升迁至京城，到了皇上的身边，更是尽心尽力。几年下来，竟然因为人品憨厚、功夫了得，而顺利晋升为御前侍卫长，仕途一帆风顺。张瘦治军严明，口令如山倒，唯其是听。后来，乾隆帝暮春朝嵩岳时，令其随驾护卫。

在嵩山，乾隆帝听说博爱的月山寺不仅风景秀丽，而且八极拳独成一家，寺庙富庶异常；除了香火旺盛之外，他们还有一个聚宝盆，钱或是物只要放进去，就永远取之不完、用之不竭。乾隆帝一听就动了心：自己贵为一国之君，什么没有见过？只是这聚宝盆，听来只认为是传说，并未见过实物，就想一睹为快！于是降旨：移驾月山寺。接到圣旨，主持就想到了聚宝盆一事。于是，命小和尚暗地里给一棵柏树平了顶，把聚宝盆埋在了这棵柏树的南边。月山寺上下做好了准备，正好赶上接驾。乾隆帝刚到月山寺门前，就问接驾的高僧聚宝盆之事。高僧只得实言相告：就在那棵平了顶的柏树南边。高僧的话刚一出口，漫山遍野的柏树全都平了顶。等到乾隆帝巡视四周时，但见寺庙远近、周围山岭的大片柏树林，也都平了树冠，心中十分不悦，心想：原来，我还没有这个福分！

时至初夏，天气已热。在月山寺门前，皇上心里有些烦躁，不仅无心看腰鼓队的精彩表演，就连正在为接驾而操练的御前卫队，也大声呵斥停下！再加上随身太监的附和之声，御前侍卫都置之不理，仍在起劲地操练。乾隆帝恼怒地将张瘦传至御前，示意停止操练。张瘦领旨转过身来，舞动手中红蓝旗帜，御前卫队的操练立刻戛然而止。乾隆帝愣了，随身的太监也愣了！这种寂静转瞬即逝，一位太监奏明皇上：张瘦已有反心！他的属下，竟然连皇上的话也不听了！乾隆帝无言，转身进了月山寺。这一幕，被远近山头上围观的人们看在眼里，猜测在心里。

两日后，乾隆帝返京前，一辆木笼囚车到了南、北朱村中间的官道上。跟车的兵士传令："张瘦身犯王法，押解回京！"当时的张瘦，就想再看看自己的家乡，见一见自家的亲朋好友！

号令传出多时，全村都已传遍，妇孺皆知。木笼囚车在官道上停了好长时间，还是不见爹娘到来。真是世态炎凉啊！张瘦正在掉泪，只见孀居的大嫂，一手擦着眼泪，一手提着食盒，步履蹒跚地向囚车走来。到了囚车前面，大嫂擦干了眼泪，强颜欢笑地从食盒里倒出了四弟最喜爱吃的鸡蛋捞面条儿。当她把碗端到囚车外边，递给四弟吃时，才发现四弟的双手，还被铐在肩膀上的枷子中。大嫂强忍着，没让自己的眼泪掉下来，她一定要让四弟再吃一顿自己亲手做的家常便饭。于是，她只好端着碗，一口口地喂四弟把饭吃完，眼光还像以前那样地爱怜。倒是张瘦，感动得眼泪扑簌簌地掉了下来：哎，危难之时见人心哪！大嫂，是自己在人世间的最亲者。她老人家不会势利，只有一颗善良的心！真是老嫂胜过爹娘啊！他这样想着，叔嫂二人的心情都是一样地沉重，没有了言语。但是，大嫂的真心实意，是什么语言都难以表达的！末了，张瘦只说了一句话："大嫂，后会有期！"

大嫂再也忍不住了，又如来时那样地泪眼蒙眬，说不出话来。正要转身回家之际，忽听押解囚车者吼道："凡来探望者，与张瘦同罪！"

于是，善良的大嫂也被一同带回京城，听候发落。

张瘦走后，北朱村盛传了一阵子此事后，就慢慢地从人们的记忆中淡忘了下来。又停了好长一段时间之后，从京城传出消息：张瘦保驾有功，官复原职！大嫂也因待其有功，被奉为"嫂娘"，随其在京颐养天年，享尽荣华富贵！

都夸他的大嫂老来有福，正如俗语常说的"好心终有好报"！

再后来，又从京城里传来消息：张瘦仕途一帆风顺，儿孙满堂。待到年事已高、致仕还乡时，想到祖籍怀庆府北朱村的人，对他都是薄情寡义——就只有一个重情重意的大嫂，还被自己带了出来。故乡，对于他这个死里逃生的乞丐来说，还有什么值得留恋的？于是，他没有回家。

近些年来，据从京城旅游回来的人说：在北京的郊区，也有"北朱村""张瘦村"。从而使人想到，这样的村名，是否会是河南省焦作市中站区府城办事处张瘦故里的名称，或是其后世裔孙的繁衍生息之地？这还有待于进一步考证、寻觅。从目前状况来看，始祖张昺、一世祖张琏之后世裔孙们，虽然遍布全国，但是，尚未找到张瘦老爷的这一支脉。老家北朱村的今人们，十分想念这宗支脉的亲人，希望能够尽快地认祖归宗。我们的祖宗，或是名宦、英烈，或为奇人、富贾。无论先人们做什么生计，都体现着中华民族的高尚品德、聪明才智。我们没有必要去评说祖宗先人的过失，毕竟是他们把我们带到了这个世界上来，给了我们宝贵的生命。况且，数百年前的人们，在世界观、认识论以及文化层次等方面，大不如今人开阔、全面。人世间，不是只有自己的父母才是亲人，毕竟我们北朱村的张氏家族，以及分布于全国各地的同宗一脉血统者，就已经多达万人余众！我们大家都还是血脉相连的。如果，这支亲人看到这篇文章的话，就请义无反顾地归宗认祖——这应该是我们当代张昺裔孙的开明之举、豁达胸怀！

据发表于《焦作晚报》2010年10月"人文山阳"同名文章缩略

北朱村红拳溯源

早在2009年岁末，就被列入"焦作市非物质文化遗产名录"的北朱村红拳，经深入考证、追根溯源，上限年代已经清晰。

据北朱村红拳23代传承人张征保介绍：这路以手法为主、由慢渐快、攻守兼备、护身健体的拳术称为"红拳"，是因一段可歌可泣的史实而得名。

北朱村始祖、"忠烈公"张昺，明代洪武年间进士及第，历任工部右侍郎、刑部侍郎等职。他为政清廉勤勉、政绩卓著，于洪武三十一年（1398年）十一月，出任北平布政使，是当时北平地区最高行政长官的正二品大员。他与北平都指挥使司的谢贵、张信等，受密命监视燕藩。建文帝初登大宝，心腹之患是长于谋略、手握重兵的燕王朱棣。建文元年（1399年）六月，在即将擒获燕王及其党羽的关键时刻，都指挥使张信叛投燕王、李友直告密事泄。同年七月初六（8月7日），燕王捕诱捕张昺、谢贵于府邸。其二人临危不惧，坚贞不屈。面对燕王的威胁利诱，张昺大义凛然道："宁可断头死，莫做易主臣！"壮烈殉职，时年仅42岁！明代多位皇帝都很钦佩其忠，多次予以敕封、追谥。明正统年间，英宗朱祁镇谥其为"忠烈公"。

张昺专心事公，只身燕京，连贴身侍卫张红也留在明都南京家中。当获悉燕王起兵造反，张昺在燕遇害噩耗后，张红连夜护卫夫人、少爷们出逃，才免遭灭门之灾。

张红，山西泽州张昺族人，自幼习练一身精湛武艺，为人刚正忠诚。张昺入仕后一直带在身边，二人情同手足。他连夜护卫全家远离了京师。定居北朱村后，因几次出拳扬善惩恶而名声大振，时人因其名而称之为"红拳"。自此，不仅南、北朱村习练这套红拳，张红还返回山西泽州原郡教习本族，用以防身健体，之后历代渐渐失传，只有北朱村的这路红拳传了下来，并有两度兴隆时期。

一是明代万历初年（公元1573年）起，张昺之六世裔孙张大有。他不仅文采出众、贵为庠生，还酷爱自家拳法，将五路拳架和对练招式详尽整理后，演练得落地生根、步伐稳健、势力雄厚、刚劲有力，更加突出了北朱村红拳的特色。他是北朱村红拳发扬传承、整理有序的第一功臣。

二是第十一代传承人张光先，自幼习武练拳，成年后崇尚精武精神，又将高师武功融入本村红拳。在他的影响下，全村习武蔚然成风，弟子多达五百之众，更加发扬光大了它。

自张红起到张大有之间传人不详，是因当时张昺遇害后，燕王朱棣以"靖难"起兵，夺位之战前后长达将近四年。直到洪熙皇帝颁诏礼部为"建文诸臣"平反昭雪："家属悉宥为民，还其田土，戍边者放还"时，"忠烈公"已经遇害二十五年。在这些年代里，张昺后裔隐居、低调生活。北朱村的张氏族谱记载，也因此少了三代。张昺之曾孙张琏生于明正统十二年（1447年），到入仕与先祖张昺遇害相差半个多世纪，所以，其间家谱缺失，红拳渊源不详，正是情理中之事。

如此算来，这朵中华武术殿堂中的奇葩——北朱村红拳，应该有六百五十多年的拳龄。

发表于《焦作晚报》2011年8月8日"人文山阳"版有缩略

药王孙真初看病

药王孙思邈是中国乃至世界史上伟大的医学家和药物学家，许多华人奉之为"医神""药王"。他生于隋文帝大定元年（581年），卒于唐永淳元年（682年），唐代京兆华原（现陕西铜州耀州区）人。他幼年体弱多病，汤药之资罄尽家产。他自幼聪明好学，日诵千言尽记在心，西魏大将独孤信赞其为"圣童"。为了济世医自身，他十八岁时立志学医，二十岁即为乡邻治病。这个故事，就发生在他学医初成行医，先为自家人和亲戚邻居们诊治疾病的开始之时。因其成名后著有《孙真人十三鬼穴歌》，所以人们都尊称其为"孙真爷"。

一日，他到胞姐家去。刚走到姐家的大门之前，一位老妪气喘吁吁地迎了上来："小兄弟，俺家儿媳妇难产，能否去看看？"见他面有难色，老妪央求道："别不好意思，这可是两条人命啊！快来吧！"他想想也是，救人危难，是医者天职，于是疾步跟着前往。刚步入大门，婴儿"哇哇"的报到人生哭声传入耳际。老妪顾不上和他说话，径直奔产妇屋而去，他下意识地随老妪走着。到了门口，他止住了脚步，听到了产妇粗声的喘息，他大叫道："不好！救大人要紧！"老妪闻声出门，问及何事，他说产妇呼吸困难、生命危急！等到他们步入产房之际，产妇已经闭上了眼睛。事后，这件事被传得神乎其神。有人说：他年纪轻轻却医道精通。有人说：他就是个丧门星，给谁看病谁就得死！

他姐夫不信，就想亲自试试。又隔了几日，胞姐的又一家邻居有病请他医治。他刚走到姐家门口，正在门外下棋的姐夫站起身来道："这两天我也不舒服，待会儿您给瞧瞧？"

他爽快地答应着，半开玩笑地说："姐夫，请赶快去撒尿吧！"那时候的人很爱面子，姐夫红着脸否定，又蹲下来继续下棋。等到他给人看完病出来，姐夫又迎了上去。他面带惊愕地说道："大事不好！您的膀胱已经憋破了！"

他的姐夫随即腹痛如搅，顷刻间倒在了门前！这件事后，人们对他的议论更加强烈！许多人都不敢找他瞧病了。

产妇和其姐夫的相继去世，真实地为孙真带来了厄运，从此谁都不敢找他看病。无奈，他带着妻子去了南方，给人看病倒是个个都见奇效。看着自己差不多了，就与妻子商量着回返家乡。恰时，一位相面的先生游乡到了他住的村庄，他的妻子迎上去问丈夫运气。相面先生捋着胡子、眯缝起眼睛看了一会儿，然后笑着说："夫人您是帮夫命啊：别看您的脚三寸金莲，哪天，您的脚八斤重了，您家先生就大运亨通了！"

孙夫人甚是纳闷儿：从小娘就把脚给缠裹得这么小了，两只脚最多有三斤重。现在都成年人了，啥时候俩脚也不会重八斤哪！纳闷儿归纳闷儿，可还是回了家。

南方雨水多，那时候穷人家没有雨鞋，只好穿着布鞋踏泥路。那雨下得远，回到家乡邻村时，他们夫妇的脚上粘了好多泥泞。一位乡亲笑着说："孙夫人，看您的泥脚，一只就有八斤重！"

恰时，大街上对面抬过来一口白皮棺材。因为没有批灰、油漆，鲜血顺着棺材底部的缝隙直往下滴。孙真见状大喝："快放下，咋把活人装了进去？"

抬棺材者闻言放下说道："孩儿他娘生完大出血，死了！"

"看这鲜血是热的，是活人啊！"孙真说。

众人不信：早上就死了，这都下午了，咋会活过来呢？

打开棺材盖子，孙真号脉：还有心跳！

众人闻言急忙抬回家去，灌了点儿汤水下去，会咽；不一会儿，缓缓地睁开了眼睛，活过来了！好生伺候些时日，孩子竟有了奶吃！

这件事又被传扬得神乎其神：孙真是神医，能够起死回生！孙夫人事后信了相面先生的那句话："脚八斤重"应验了！从此，孙真爷名声大震，给人瞧病是看一个好一个！最终，成了举世闻名的一代药王。

又过了一段时日，他的家乡瘟疫流行，人们生命朝不保夕。他早出晚归地上山采药,回来后在大街上搭棚熬煎成汤。那些个胆大者喝了他的汤药,病体逐渐痊愈,他也因此而名声大震!后来,方圆数十里者都来喝他的"大锅汤",很快抑制了病情的发展。百姓们都敬佩他,夸赞他是在"行善积德",祝愿他"长寿百年"!他因医道出神入化、救治百姓和自我养生保健,竟然长寿到了102岁!好多人都把他奉为神灵。为了感恩和长寿,百姓主房中供奉着孙真爷的牌位。药王庙至今仍随处可见!

  这些传说想来真实——孙思邈对医学的贡献早已载入史册。他对古典医学的深刻研究,对民间验方的重视,对医学临床研究的积累,对内、外、妇、儿、五官、针灸各科的精通,对24项成果的开创等,都开辟了我国医药学史上的先河。他一生都在致力于药物的研究,曾上峨嵋山、终南山,下江州,隐居太白山等处,边行医,边采集中药,边临床试验。他是继张仲景之后,全面系统地研究华夏中医药的先驱,为祖国的中医药发展,立下了不朽的功勋!

纺线老太金钱梦

  从前,在北朱村的一条大街临街房里,住着一位老太太。她年轻时守寡,无儿无女,吃穿花用全靠自己成年累月给人家纺线维持。那时候没有电灯,她家里穷得点不起油灯。为了使日子宽松一些,她白天纺了一天的线,夜晚还要接着纺。黑夜里,她凭着娴熟的手艺纺线。尽管辛辛苦苦,但也没能够挣下多少钱。想着自己年岁越来越大,要为老了纺不动线时积攒一些,就更加起五更爬半夜地劳作。冬日的夜里寂静得可怕,她真想有一点儿声音给自己做个伴儿。但是没有——寒夜寂静得甚是无聊。

  一天四更时分,她梦见自己看到了许多从天而降的金元宝!她惊喜得正要上前去接住,忽被大街上"咕咕咚咚"的车马声响给惊醒!仔细再听,隐约还能听到车把式在吆喝牲口。她赶忙穿衣起床,隔着门缝儿看了个仔细:原来,一流水儿的马车队伍自东向西行走。趁着车前马灯的灯光再看,那车上的大木箱前头,个个都有斗大的元宝图样。哇,原来是运送钱财的车队!在这帮马车的最后,跟着一位身材高大、面色黑红的大汉。她想:这大概就是人们传说的财神爷吧?

  自从这位老太发现了夜间运宝的秘密之后,每到四更时分她就醒了,总是要趴在门缝儿上看个够,直到车队走完看不见了才肯罢休。一连几天,她都是这样地看着。又是一个四更天,她仍是趴在门缝儿上偷窥。突然,一声"哎吆"把她给吓了一跳!这位老太平日里火热心肠。当时,她忘记了自己是在偷看,"哗啦"一声开了房门,大声问道:"怎么啦?"说话间,她已经行至路旁。原来,是一位车夫踩上了一块石头,把脚给崴了,车也停了下来!

这老太平时懂得一些跌打损伤常识,时不时地给脱臼者送复原位,捏胳膊捋腿有些在行。她闻言慌忙转身回房搬了两个凳子,先让那车夫坐上,自己才坐在了对面。三下两下的工夫,车夫就停止了喊声,笑着拱手道谢。恰是时,那位高个子红黑脸庞的大汉到了他们身边。他谢过老太后催促车队启程。那位崴了脚的车夫阻拦说:"先慢!元帅,能否先替我垫付点儿月俸,以报老妈妈及时搭救之恩?"

"元帅?果真是'赵公元帅'?"老太想着,怔住了!

"元帅"笑着说:"可以。但是——"微弱的车上马灯之下,见"元帅"欲言又止。

崴脚者再三追问,"元帅"才对他耳语了几句。然后,又命仆役取了些散金碎银。在交给她时,"元帅"严肃地叮嘱:"天机不可泄露,不准对任何人提起此事!"

老太边用前衣襟接住包裹好了,边点头应允、连声致谢。车队早已离去,寒风中还站着老太一人。她高兴迷了,已经不知道自己的家在哪里!直到被冻得上牙直打下牙时,才缓过了神儿来。她从来就没有见过这么多的财宝,还以为自己又回到了梦中!但是,等她挨着个儿咬咬那些金元宝和散碎银子时,才开心地大笑起来!她傻在了那里。直到五更时分群鸡齐鸣,才把她懵懵懂懂地惊醒了过来。她心跳得厉害,摸索着回家。那前襟里的金银仿佛更加沉重了。她只顾着看它们,竟然忘了迈过自家的门槛儿。"咕咚"一声摔倒,磕破了额头。一时间鲜血直流,觉得头晕眼花。

就是从这天起吧,她无心纺棉,就想享用这些财宝。她先置办了一套崭新的家具,又做了一床新铺盖,还买了几身上好的布料,准备做衣服。没几天的工夫,她的身体衰弱了许多,还真的纺不动棉花了!今天头疼脑热,明天伤风感冒,后天有咳嗽咯血,寻医买药接二连三!一天,她看病回来刚到门口,咕嘟狼烟从她的门窗缝隙里直往外冒!她一边大呼"救火,救火!"一边速速开门进屋。等到街坊邻居七手八脚地把火救下,置办的新东西已经化为灰烬!就连剩下的碎银子也融化了!

经过了这一系列的疾病与火灾,她明白了"元帅"与那位崴脚者耳语的意思:"外财不发命穷人,不劳而获招灾祸!"想明白了这些,她不再生气与惋惜:那些财宝本不该归自己支配;财去人安乐!

从此,这位老太又支起了纺车,在"嗡嗡"作响的纺车声响中自食其力,身体逐渐硬朗,再也没有做过那种金钱梦。一直纺线到九十多岁,无疾善终含笑长眠。

无辜伤蛇赔性命

相传清代乾隆年间,在中站区的北朱村二道街中间南侧老槐树院,住着一户张姓农家。当家的身强力壮,农闲时推起独轮小车,到当地煤窑买些煤炭,远销到温、孟二县,做转手买卖挣些零花钱。本村一帮推独轮小车的年轻人,也都跟着他做这运销煤炭生意。他人缘儿好,是这帮小车队的"头儿"。

天有不测风雨,不该发生的事情发生了。

那年初冬,场光地净之后,已经没有了农活。天气冷了起来,正是做煤炭生意的好时机,这帮小车又做起了推卖煤生意。那时候社会落后,人们没有见过内衣、毛衣什么的,只有单、棉、夹三种粗棉笨布可穿。这帮独轮小车队黎明出发时天儿较冷,晚上回返时也比较寒凉。所以,都已经穿上了薄棉衣。去时,他们推着满满的两篓煤炭是重车,途中得歇脚几回。出力气人哪有啥讲究?蓝天为被、大地是床。走到哪累了,随便往绿油油、毛茸茸的麦田里一躺,解解乏困之后再推车赶路。

那天,西北风不大,太阳暖融融的。这帮独轮小车队行至温孟县交界处时,大家又躺到了麦田里歇息。年轻人瞌睡大,躺下不多时就响起了鼾声。但当这位"头儿"醒来的时候,却意外地发现自己头枕着的土塄头不远处,有一条盘着圈儿的大蛇也在晒太阳,挺瘆人的!他一个激灵跳了起来:吆呵,这家伙大冷天儿还敢晒太阳?早已过了"土禁",早就该在窝里头睡大觉了!他顾不上细想,顺手抓起一个大土疙瘩朝蛇头砸去。那蛇大概是被砸疼了,使劲地摆动着身躯。他一个箭步上前,将手里的烟袋锅伸到了蛇的头上。正如俗话所说,蛇最怕烟油,霎时间就痉挛起来!看到烟油起了作用,他又弯腰抱起一块垒塄头的石头,狠狠地朝蛇的头上砸去。那当儿,惊醒了的同伴们一拥而上,将那条蛇砸得稀巴烂!然后,一溜小车"吱吱扭扭"地朝西南方而去,议论着那条蛇咋会在初冬天气里露面。这"头儿"不曾想到：他要了蛇的命，更多的蛇又结果了他的性命。

到了孟县准备分散去做生意之前，他们又停了下来。吃干粮、喝水之后，就又躺到了麦田里歇息。等到这"头儿"起身时，不远处有两三条小蛇。他平日里胆子最正，也没去理睬它们。等到大家分路卖完煤，又回到这里集中时天色已晚，这帮车夫们开心地哼着小曲儿摸黑回家。到了家里，他往下取干粮布袋儿和瓦罐水壶时，摸到了冰凉的东西。家人掌灯一看，竟然是一堆大小不等、颜色各异的蛇！家人吓得毛骨悚然，尖叫了起来！他安慰家人别怕，又剜了些烟油往它们身上抖落，那堆蛇颤抖得痉挛了起来。他也乏了，不再管蛇的事，吃了点东西倒头就睡。等到清早醒来时，屋里的地上又蜷曲着几条蛇。按说，他烟瘾很大，蛇是不敢轻易靠近的，何况它们已经进入了冬眠期？从此，他无论走到哪里，总是有蛇的出现，弄得一向胆大的他心里发了毛，连个安生的觉也睡不成了：只要一闭上眼睛，蛇群就向他围聚，他吓得好几天都不敢合眼！几天后发起了高烧。家人请了郎中给看病，说是早被吓破了胆经，已经无药可医！

这"头儿"死后，人们有了种种揣测：他最先伤的那条大蛇是蛇王，它有灵性，招呼蛇们索他性命；他伤蛇时身上溅了蛇血，蛇们寻味儿而至……不过谈论最多的是：世界之大，万物皆存；人不应该无故伤及动物性命。

他的死可苦了他们全家：寡妇带着幼子弱女艰苦度日。他无故伤及蛇的性命，非但对自己无益，还连累全家人受苦。

朱村腰鼓与张瘦

据北朱村老人们讲，北朱村舞蹈腰鼓流传至今，已经有260余载的历史。据说，它原本是北朱村的一位妇人，献给朝月山的乾隆皇帝的观赏节目。

一位封建社会里的农村妇女，怎么会给皇上奉献腰鼓呢？这话还得从头说起。

相传，这位老妇人丈夫姓张，是明代建文年间北平布政使张昺之后裔。妇人的丈夫在家排行为长，下有三位弟弟。季弟最小，幼时饭量惊人。尽管他们家吃穿不愁，但他却很难填饱肚子。所以，身材长得细瘦，人称张瘦。后来遭受蝗旱之灾，他就更是饥饿难忍，经常在街上逮着活鸡、生猪仔后，立即拔去羽毛、拧掉头颅、揭扯皮毛，生着吃掉，食态甚是令人吃惊！街坊邻居们不断到其家中告他，要求他的父母赔偿被他生吞活剥牲禽的损失。时间长了，爹娘就想除掉经常惹事生非的他，幸被长嫂所救。他仓惶逃出家门，到处流浪。后被怀庆府官收留，从军效力。因力大无比和骁勇善战，屡次立功受奖，官职逐渐升至御前侍卫长。当其长嫂从家书中闻知他要护乾隆帝御驾朝嵩山，还可能巡幸月山寺时，就欣喜地在村上训练了这支舞蹈腰鼓队，准备迎驾奉献。因为，月山寺离北朱村不远，半个多时辰就能到达。后来，据说乾隆帝到了月山寺，她就坐乘二人小轿，带领用马车拉着的这支舞蹈腰鼓队员前往。到了月山寺外，把门的只允许他们在门前表演。结果，乾隆帝虽没见着，这路舞蹈腰鼓从此名声大振！

这套舞蹈腰鼓，伴随着历史的步伐，逢年过节、重大庆典都打。辛亥革命胜利后，军鼓传入本地。于是，敢为人先的北朱村人，又将领打的战鼓演变成了大军鼓。自此，更增加了腰鼓的音量与韵味。抗日胜利、新中国成立、土地改革、抗美援朝，以及合作化、粉碎"四人帮"、三中全会召开等，都有着它的精彩表演。长期以来，北朱村的这路舞蹈腰鼓，成了远近老百姓们喜闻乐见的民间优秀传统节目。

发表于《焦作晚报》2011年9月3日"人文山阳"

北朱村非遗掌故

悠久文明的历史积淀，形成了北朱村诸多特有的非物质文化遗产。2013年8月，北朱村被公布为"全国第二批传统村落"。在已经完成的《中国传统村落档案》中，除了市级非遗名录的背桩、红拳、舞蹈腰鼓之外，在"其他非物质文化遗产"栏目中，还荟萃着丰富多彩的十项内容。

北朱村背桩 北朱村背桩是2008年"焦作市非物质文化遗产"项目。它饱含着张氏悲惨的逃难历史，逐渐演变成了民间艺术。明代洪武三十一年（1398年）闰五月，太祖朱元璋驾崩。因太子朱标已故，他的次子朱允炆即位，是为建文帝。他以齐泰为兵部尚书，黄子澄为太常卿兼翰林院学士，同参军国事，定议削藩。周、齐、代、岷等藩王先后以罪被捕。为削夺强藩燕王朱棣，他以张昺为北平布政使，谢贵、张信掌北平都指挥使司，受密旨监视燕藩。在行将逮捕燕王之际，张信和张昺身边的库吏李友直先后向燕王告密。事败，张昺被燕王所执，威胁利诱不受，凛然赴死。当时张昺只身到北平赴任，家眷仍留在帝京，未闻噩耗。直到燕军兵临南京城下，才获悉张昺已经遇害。张昺妻儿想着事态严重，决计逃生。

张昺有五个儿子，四、五子年纪尚幼。深夜，城墙被攻破一处，他们家有了逃离机会。家将张红护送全家顺豁口处出城，两个小少爷已经入睡。他无奈地将绳子拴在了椅子上，把他们"绑"了上去坠城，趁夜色逃离，最后落脚到了朱村。这段往事刻骨铭心，留驻在了张昺后裔的脑子里。为了向后世流传这段悲惨的往事，张氏后裔于清朝年间逐渐演化成了民间文艺的背桩形式，流传了160多年直到今日。张氏的血海深仇只有自己知晓，苦水只能往肚子里咽。这个整个焦作地区仅此一家的背桩，早已成了政府看重、民间喜闻乐见的传统文艺。

背桩表演形式特殊，一般由12架组成，分为上桩和下架。架子是用铁质焊成，既要结实、安全，还要方便背载和尽量轻些。表演开始了，12个身着民族古装者肩扛铁架，在鼓乐声中纵队入场。然后，随着音乐节奏变为S队形，循环往复。上桩是几岁的孩子，饰为古装剧《西游记》《白蛇传》等戏剧中的角色，随着音乐舞动。演出队伍需60人，每场表演约30分钟。

北朱村红拳　北朱村红拳是张昺蒙冤遭难后，家人获悉满门将被抄斩时，由贴身侍卫张红保护，星夜护卫夫人和少爷们奔命，才逃过了灭门之灾。这是因为，张昺专心事公，只身去燕京赴任，张红留在明都南京家中的缘故。张红者，山西泽州张昺族人，自幼练就一身精湛武艺，为人刚正忠诚。张昺入仕后一直把他带在身边，二人情同手足。

张家定居北朱村后，张红多次反思：要教习族人习武，以便防备不测。时人纷纷跟张红学习功夫，对之十分敬佩，因其名而称这路拳术为"红拳"。自此，不仅南、北朱村张昺后裔习练这套红拳，村里异姓人和远近百姓也都纷纷参与，用以防身、健体和自卫。北朱村这路攻守兼备的红拳流传至今，已有600多年拳龄。

北朱村舞蹈腰鼓　北朱村舞蹈腰鼓是清代乾隆年间，由御前侍卫长张（瘦）广泗之长嫂李氏请人教习而成。流传至今已经260多年（前面已经有叙，恕不赘述），2000年被列入"中站区非物质文化遗产"；2013年成为"焦作市非物质文化遗产项目"。

其他非物质文化遗产十项

一、**秧歌**　北朱村秧歌起于明代，有一段可歌可泣的渊源。北朱村始祖张昺，明代洪武年间在都城南京为官十多载，历任工部右侍郎、刑部侍郎及兵部、礼部尚书等职。家眷仆从随之迁至，逢年过节爱看当地文艺演出。张昺建文年间出任北平布政使，受密命只身前往北平监察燕藩，不幸泄密、受骗遇害。家眷闻此噩耗星夜逃离，在朱村隐居下来。后来，明主们多次为张昺及"建文诸臣"平反昭雪、封谥张昺；并"发帑建祠"，"有苗裔者恤录"。直到明万历十九年（1591年），北朱村"张忠烈公祠"落成庆典时，以前在南方学成的秧歌又扭了出来。在之后的数百年中，又不断融入当地秧歌精华，形成了一套结构完整、技艺脱俗的北朱村秧歌。由于老百姓喜闻乐见，逢年过节、重大庆典都要出演，成了优秀传统民间艺术。秧歌队员多达几十人，主要是本村的姑娘们。她们体态灵活、舞姿优美，精彩的表演经常赢得阵阵掌声。

二、高跷 北朱村高跷是杂技性的舞蹈表演，已有上百年历史。清朝末年，"忠烈公"张昺之15世裔孙张发祥热心公益事业，出资组建了踩高跷队。高跷用上粗下细硬杂木做成，根据踩者身高分为高、低、中三种。表演时，"相公""小姐""丑角""老旦"及"西游记四僧"等扮演者，在锣鼓声中粉墨登场：孙悟空舞动着金箍棒、猪八戒裸露着大肚子；怀梆戏的《白蛇传》《对花枪》等，也都演唱得很是精彩；尤其是闹剧《新媳妇回娘家》，兽性大发的"毛驴"摔倒在地，"车夫"百般拉扯惊心动魄，滑稽逼真，令观众忍俊不禁！

三、抬黄杠 抬黄杠又名抬皇杠、抬花杠等。北朱村流传下来的抬黄杠，已有数百年历史。传说中附近新店村正月初八是火神庙会。北朱村抬黄杠赴会时途经数村，尽展风采。"杠"象征运输工具，用宽厚竹子做成。一盘杠由杠、箱架、宝箱、箱环和顶旗五部分组成，重约七八十斤。一组杠五人：抬杠者和护卫各二，押运官一人。演出时，鼓、锣、镲等打击乐伴奏。表演队形有"一条线""单出头""五福捧寿""八仙过海""十三太保"和"串杠"等。北朱村的"串杠"可谓之一绝：抬杠者一起用力颠杠，不用手扶，那杠就"啪"地一下同时越头而过，稳稳当当地落在了另一个肩头之上。北朱村抬黄杠因此而远近闻名。

四、旱船 北朱村旱船是民间游艺表演形式，上百年的演出久盛不衰。旱船用长约六七米的竹竿熏烤成椭圆形"船架"，再围上彩绘丝绸当"船身"，下边缀着丝穗行走时如"漂水"状。"船身"扎满绢绸花朵，高度以表演者身高而定。"船顶"拱形、内挂灯笼和小镜子闪光耀眼。演员有"船工"和"坐船"。动作有"起锚""行船"和表演。"船工"划桨弯腰弓背，"坐船"的左右、高低晃动"船身"，若行云流水，张弛有度。通常还有《白蛇传》《花木兰》等剧目及自编唱词配之以表演。北朱村旱船表演精彩，老百姓喜闻乐见。

五、八音会 北朱村八音会早在前清就有文、武场表演。"八音"寓意器乐之多，"会"为乐器合奏意。主要有唢呐、笙、笛、二胡和大鼓、小鼓、小锣、钹、镲、梆子、碰铃、木鱼等打击乐器。北朱村只流传下来文场。演出时细吹细打，悠扬悦耳。主要曲目有民歌《八月桂花遍地开》《小放牛》等。有时还为本村"舞围竿"表演配乐。

六、粉条 北朱村粉条起于明代。建文年间，北平布政使张昺蒙冤遇害后，其长、次子逃到了朱村，兄南弟北。到了冬季，居住在北朱村的张昺次子资产已尽，便想到了做粉条生意。在南京时只是好奇地在朋友那里学会了下粉条工艺，但逃难后是为了生计。于是，便在街上垒砌锅台，做起了下粉条生意。因所下粉条劲道、光滑、口感极爽，远近客户盈门。后来张昺平反昭雪，此门张氏舍不得离开，粉条工艺从此便流传了下来。如今，北朱村做粉条生意者竟多达数十家！

七、小磨香油 北朱村小磨香油始于明代。张昺次子逃到北朱村后学会了磨制小磨香油。到了张昺曾孙张琏，小磨香油技术更加高超，自产自销。一天。张琏挑担游乡到府城村卖香油。回乡探亲的安庆知府王璠见其气度不凡，就选为佳婿。张琏从此愤读，科举得中后出任山东安丘县儒学训导，署县正堂事（正七品）。张琏赴任后，其后裔舍不得放弃小磨香油生意，从而流传至今。如今，北朱村仍有小磨香油作坊多家。由于醇香味正名声在外，不少市里人慕名上门购买。

八、风味小吃不翻儿 北朱村风味小吃不翻儿，流传了300多年。不翻儿是一种味美形奇的烙饼。一是烙这种饼首先需要铁合金铸就的鼓顶小鏊，鏊边沿宽而槽深，中间凸起。二是用小米面糊。小米面光滑细腻，不易粘底。为烙得松软，还需发酵面糊。三是添加佐料花椒、八角、小茴香粉等天然香料。四是掌握烙烤技巧与火候，不至于夹生与煴糊。饼烙好后，根据个人喜好，可蘸酱料大葱或醋盐香油调蒜泥吃。此饼数十年前还是走亲访友的佳品，现在仍流传于北朱村。

九、舞围竿 北朱村舞围竿是大型民间文艺活动，俗称"围儿"，焦作仅此一家。北朱村舞围竿源于明代万历十九年（1591年），是该村张氏始祖张昺"忠烈公"祠大殿落成时的庆典节目，距今已经400余年历史。围竿用粗竹竿做成，装饰品有红、绿、黄彩绸和铃铛，竿头系挽绸绣球和铃铛，美观而又有声响。舞围竿是姑娘团队表演，队员身高1.6米以上者18至20人。舞围竿表演场面宏大，动作舒展、优雅，分为行进与场地表演两种。行进时动作舒缓，侧身稳步向前。场地表演主要是用围竿摆放简单的图形和文字。配乐为八音会的民歌《二泉映月》《彩云追月》等。舞围竿表演是老百姓难得一见的大型民间文艺，一直流传至今。

十、生石灰 北朱村生石灰清末民国初年就名震西安和全国。当时，西安修复古城墙及兴庆宫，公开向全国招标采买建材。北朱村民族企业家张瑞彩铁路运输200斤样品投标，在数家投标产业中一举夺冠。当时中标的还有博爱县阳邑村的青砖。一时间，各建筑名家纷纷订购，货源紧俏。老百姓编了顺口溜夸赞："朱村石灰杨邑砖，盖成新房格展展（格展展为本地俗语，坚固、漂亮意）。"

北朱村生石灰粘接力强，坚固耐用，世代流传至今，为祖国建筑事业立下了不朽的功勋。

发表于《焦作晚报》2014年2月14日"人文山阳"

原题目为《北朱村非遗掌故多》，有缩略

北朱村红拳高手（一）

根据 张景福 张守深 张孟轩 寇元荣 张征保等口述整理撰文

北朱村的传统尚武精神，积淀了丰厚的红拳历史文化遗产。北朱村红拳由明代洪武年间北平布政使张昺贴身侍卫张红演练而成。600多载的漫长岁月，孕育了一代又一代的红拳高手。至今，人们仍在口碑相传着先辈们的高超绝招，以及乐于奉献的逸闻趣事。

"百步喝法"张广先

北朱村张氏为明代北平布政使张昺后裔。虽因历史缘故，苗裔繁衍生息的聚居地近20处，但仍是血脉相连，有要事互相帮衬。北朱村红拳是流传在本村600余载的精湛武功，历代高手辈出。据北朱村红拳第23代传人张征保介绍：第11代本村红拳传人张广先的"百步喝法"传说，就发生在清代乾隆年间的卫辉井沟村。

井沟村是今新乡市辖卫辉市狮豹头乡柳树沟村的四个自然村之一，地处太行南麓丘陵地带。旧时没有河渠灌溉农田，农人种地是靠天降水收获。到了清乾隆年间，北朱村张氏一脉已在井沟村定居了下来，父子二人靠开荒种地维持生计。那年麦收之后，天就一直没有降雨，大秋没能够种上。俗话说：头伏萝卜末伏芥，中伏正好耩荞麦。中伏下了场透雨，父子赶快在多块备播好的地里耩种了荞麦。之后三场二雨倒也应时，父子俩不失时机地施肥、除草，那荞麦长势喜人，丰收在望！当地人看着眼红，公开扬言了哄抢的日子，张氏父子闻传言又惊又怕！就在这个时候，他们忽然想起了老家远近闻名的红拳高手们，于是便回北朱村来"搬救兵"。北朱村红拳会很快答应，并商定：要在当地人哄抢的那天上午去救援。

　　到了商定的那日，远近的村庄轰动了：当地人合起伙来公然拿着镰刀、挑着担子，甚至是赶着车、吆喝着牲口到张家的荞麦地里抢收，那场面甚是吓人！眼看着天就要晌午了，还不见北朱村村人来"救驾"，急得这户人家团团转！正在翘首远眺，但见岭下来了一老一小两个人，张氏父子的心一下子就凉到了脚后跟！哄抢者的"望风"人大声笑道："老弱残兵，甭管他，抓紧点儿！"话音刚落，只听晴天霹雳似的一声大喝，所有的人都被"定"住了，动弹不得。恰时，刚出村口的头人惊呆了：所有哄抢荞麦的挑、担、割、拉者全都保持着"定势"不动了！头人不敢贸然往上凑，大老远地就喊话道："张家高手先生，在下领教过了：您把大家都给'定'住了！俺这辈子今儿可是开了眼界，服气了！俺做得不对，您能否让大家都'活'过来？一切好说！"

　　被抢的张氏父子闻言哀求道："老一家，可不敢信他们！要是他们能把荞麦都送回来该有多好？好些家都把咱家的荞麦运到他们的打麦场上去了！"

　　张广先闻声，又大喝一声，就连百步之外的打麦场和村子里也都给震颤了！霎时间，哄抢者纷纷将荞麦都送回到了张家的地里。末了，头人领着大家认错，并保证"今后再也不敢了"！是时天已晌午，头人又设宴款待了这一老一小和张家父子。从此，张广先的威名响遍了井沟村一带。当地人晓得：这位红拳高手的功夫可不只是"百步喝法"，还会有更多的绝妙功夫。至于张广先带领的那位小徒弟，至今名字已无可考。自打这件事过后，井沟人非但没再欺负过这户张家，平日里还主动上门帮助、关照。井沟人为了学到真功夫，还派人到北朱村拜师习武。

　　这户人家也由原来的5口，繁衍生息到了如今的440余众——这是后话。

发表于《焦作晚报》2014年3月21日"人文山阳"

威震武林李福林

李福林是清末民国初年人,祖籍是博爱县义沟村,祖上数代已落户北朱村,所以他也是北朱村人。

李福林身材高大魁梧,自幼酷爱武术——尤其是北朱村张氏红拳。北朱村人有着睦亲和邻的优良传统,张氏红拳向来不分姓氏,只要愿学就都传授。所谓张氏红拳,主要指的是一代拳师张红演练的刚柔共举、防身自卫的高深武功。李福林家境寒微,年龄稍长以扛长工为生计,挣些小钱儿贴补家用。成年后为了学习红拳功夫,他却选择了只管饭吃、没有工钱给张本芝家干活这条生路。这是因为本芝家境富裕,他的祖父张新田是远近闻名的武林高手。所以,凡到这家干活的,都是为了学习功夫。即使是休息之隙也拳不离手,甚至是边劳作边习武。为此,许多武术爱好者都投靠到了他家。本芝慷慨大方,乐于授徒,无私弘扬张氏红拳。当时,北朱村武学多达8家,就数张新田家习武人多。李福林他们白天干活有饭吃,晚上就到新田家的武学学习功夫。既长进了功夫,又强健了身体。深夜练功结束,还有大锅肉撅片夜宵。李福林对这样的生活心满意足,学起功夫来格外用心。功夫不负有心人,几年时间功夫学成,从几件事中名声渐震。

一是被叫到村西的老君庙村南十方院(学校)、尚口车站显威风。清末的一年春节,附近村庄都到老君庙附近的十方院与尚口火车站之间地段汇演文艺节目。北朱村人在那里受了欺辱,被里三层、外三层地围在了中间。因此,想回村多搬些救兵挽回颜面。由于走得匆忙,张雷踩着高跷就跑了五六里路回去"搬兵"。红拳传人张梦川喝问李福林:"刘备过江何人保驾?"李福林宏声答道:"赵云一人足矣!"

推小车出身的李福林脚底生风,箭步疾飞,出手极快,功夫高超。到了事发地点,李福林一个腾跃箭步跳入人群中央,大声道:"北朱村李福林来此领教,可否赏光赐教?"

一后生闻言腾起"接招"!还没等众人看清他的招式,就已经跌倒在了一丈开外,一时间说不出话来。还要上前的其他人见状,纷纷下跪道:"壮士高抬贵手!原谅他少不更事,多有得罪!请求发落!"

李福林闻言朗声笑道:"乡里乡亲的,我不计较!但是,我的拳脚可都记着呢!下不为例哟?"

从此，北朱村人在村外再也未受过气。

二是一胳膊摆平事两端。清末民国年间，内忧外患严重。民间武术异军突起，仅是张茂川他舅家的府城村就有南、北两家武学。这两家武学的徒弟们因屡次口角发生矛盾，定要一比高下。在北边武学的教头名贺文，将这件事情告诉了北朱村红拳高手张梦川。于是，他背着钱搭（装钱的袋子）、领着李福林去比武。已经到了约定的地点，还不见那一方到来。李福林怒火中烧，将怨气发泄在了路边的那棵比大梁还要粗的榆树上：只见他伸胳膊一扫树干，触到的树皮就掉下来一片；再看那树的全身，"沙沙"地抖动起来，树叶也落了满地。远处窥探对方虚实者见状不敢近前。李福林一看来了劲儿：轻轻地一提身，一个箭步又是一丈多远；接着一个扫堂腿，就到了窥探者的脚下。那人哪里见过如此高深的功夫？吓得扭头就逃，口中大喊："西北滑（言喻位于他们村西北方向的强村北朱村）'大黑开'（指黑桃十三，最高点儿的牌，寓意高手）来了，快逃——"

在场者不禁捧腹大笑，那种狼狈相实在难以言表。

三是一膀子功夫人敬畏。有一年的正月初八，附近村庄都到新店火神庙汇演，北朱村武术团更要去上这个火神庙会。不想走到一个村子，那里已经挤得人山人海。旧时凡遇这种场合，是很容易打起来的。北朱村武术团不愿生出事端，但想要过去却到不了路口。李福林见状，到了武术团最前边，"哗"地一晃肩膀，原本挤得水泄不通的人们，不觉跟跟跄跄地向四下退避，腾出了一条路。人们见此情景纷纷后退，为北朱村人让道。意欲滋事者震惊了，不再故意塞路，一场祸乱霎时间化为乌有。

李福林出了名，许多人都想一试高下。当地的许多人都试过了，晓得他功夫了得。但是，外来者却不知底细，想找他"比画比画"。一年春节期间，村上请了当时小有名气的庆妞京剧团在西大庙（北朱村定雀寺）演出。这个京剧团的武小生功夫很好，戏后观众夸赞他说："您的功夫真好，快比得上李福林了！"

他听了这话不以为然地说："烦请帮忙邀他一见！"

李福林好朋友，闻言已知其意。到了约定的那日，全剧团的人都围着看"热闹"，村上闻讯赶到者也在不少数。李福林亲到西大庙北院的卷棚前"会"那位武小生。只见他来势凶猛地先发狠招。李福林用红拳的"扎势"一个上步，接着是"豁冲"。胳膊一挑，那武小生就咕咕咚咚地后退了一丈多远，坐在了地上。他随即跃起，涨红着脸拱手作揖道："甘拜下风！得罪了！"围观者"哈哈"大笑。

从此，李福林的名字威震四方，落下了"天下无敌手"的英名。是他的高超武功，镇住了一桩桩剑拔弩张的恶性打斗事件，被传为佳话，世代流传。

发表于《焦作晚报》2014年4月21日"人文山阳"

"扳不翻"的张思其

在当地以前的武术中，只要一提起"扳不翻"前辈，人们自然就会想到北朱村的张思其。

张思其生于民国初年，自幼练得一身红拳功夫，脚底实力实在了得。

那一年正月初八，北朱村的文、武艺术团体又去新店村的火神庙会。当抬黄杠的"文官"张顺芝坐着轿、"武官"张延平骑着马到了新店火神庙前时，几个村子的闹事者已经等候在了那里。他们耀武扬威地显财势、亮功夫，合起伙来要灭一灭赫赫有名的北朱村的威风，那气势嚣张极了！

北朱村人仁义，从不愿招惹是非。遇到这种场合，只是"教训"对方几下，"点到为止"就行了。不知是哪村的一位，已经摆出了打斗的架势。只见张思其笑着上前道："朋友，先别介呀。你们两三个人合起伙来，要是能把我给扳翻，北朱村立马就走人！"

站在最前边的那人闻言，上前就是一拳，思其轻易一闪，那人自己打了个趔趄。接着又是一个扫堂腿，思其轻轻一提身，他的脚又扑了空。对于这些招数，思其都毫不在乎。那人急了，干脆就抱住了他的腰部摔跤。任凭那人怎么地使劲儿，都好比是蚂蚁撼树！其他两个滋事者见真的是"扳不翻"，也都红了眼！他们一拥而上，有的拽手，有的使绊脚，决心把思其扳倒。但是，任凭他们怎么使劲儿，到底还是没能把张思其给扳倒翻。从此，"扳不翻"的名声，更加响亮地流传开来。

"旱地拔葱"张乃州

北朱村人至今仍在口碑相传着，本村红拳第19代传人张乃州"旱地拔葱"的绝妙武功。

所谓"旱地拔葱"，其实是一种高超的拔身上提武功。首先，在土地上挖好一个齐胸身、约能容一个人空间的又直又狭小的坑，然后功夫人跳入坑中，轻轻向上一提身，就站到了坑外的平地上，很是神奇！

这种功夫是清代光绪年间传开的。当时，北朱村红拳第19代传人张乃州办着武学，徒弟、门人云集。当然，办武学人功夫必高，拳脚、出手不同凡响。但是，那时候北朱村有好几家武学，教头们人人身怀绝技，他们那红光满面的体质，彰显着武功的精到。但是，教头们各自留着一手绝技。一日黎明时分，一位在张乃周家干活兼学武功的徒弟起床小解。当他走到空阔、寂静的后院时，在离茅房不远处的地下，突然冒出了一个大活人来，威风凛凛地站到了徒弟面前。徒弟吓了一跳，定睛看时，只见路边有个五尺来深的直陡坑。那位徒弟大开眼界：原来师父在练"旱地拔葱"啊！这种功夫师父以前讲过，可徒弟们没有见过，很是新奇！消息传播开来，徒弟们纷纷学练此功，有几位学练得精湛，"腾"地一下，坑中站着的人就像变魔术似的，提着身子跳到了平地之上。这其实是一种高超技艺的轻功。因人从坑底直上而出，如同拔葱似的而得名。

北朱村红拳高手（二）

根据北朱村张氏咸利 征栋 守深 景福 征保 志金 治熙等口述整理撰文

晚清年间，国家内忧外患，民间尚武。北朱村不仅自家红拳高手层出不穷，还有更高境界的武林高手。

张步青胜山东汉

北朱村武林高手张步青，是远近闻名的身怀绝技者，是明代建文年间北平布政使张昺之远世裔孙，自幼酷爱武术，把自家红拳演练得出神入化。据说，其幼时社会动乱。夜晚从武学练功回家，其母早已上住了大门。为不烦劳母亲起床开门，他一纵身就从院墙上腾跃而过，跳入了自家院中。他会缩骨功和膨体功，练功时得穿双破烂鞋。有时出门穿着新鞋，回来练功时忘了换掉，一进入练功状态，就把母亲给做得结结实实的新鞋，齐铮铮地给撑断裂成了两截。

相传，红拳高手张广先到辉县井沟村，阻止当地人哄抢移居族人的荞麦，带的那个小孩儿就是他。张广先先用"百步喝法"，阻止了众多的哄抢者；当时还是十二三岁娃娃的张步青，接着就用"黑眼定身法"，定住了哄抢者。年龄稍长，他又苦练了气功、轻功，功夫很是了得！

由于名声太响，常有不服气者上门挑战。其中山东武林大汉最为有趣。

这位山东大汉武功高强，多次在山东打擂中获胜。他心气很高，到处云游，遍访高手，欲一决高下后，称霸武林。他通过当众卖艺和上门拜访的方法，访求武林英雄豪杰。

一日，这位山东大汉到北朱村卖艺，张步青抱着自己的孩子在人群中观看。看了好长时间，他仍然不知这人的轻功如何，就想试探一下。于是，他在孩子的屁股上轻轻拧了一下，孩子疼得"哇哇"大哭。然后，他问孩子："乖，你是不是想要那树上的喜鹊？"

孩子闻言破涕为笑，点头称是。只见他先把孩子放下，然后疾步走到那棵树下。只见他稍微下蹲后轻轻一提身，就像燕子似的"飞"了起来；眨眼的工夫，就将那只喜鹊逮在了手里！众人见状掌声雷动！那大汉羞愧得面红耳赤地低下了头，眼睛看着地说道："三年后再来拜访！"说完随即收拾铺盖行李离去。

那大汉果不食言，苦练了三年功夫后，又来到北朱村。但他后悔当年尴尬得不敢直视，只听围观者大喊："张步青，好样的！"他并未看清"庐山真面目"，就是在轻功弹起的一瞬间晃了一眼，之后就不好意思再看。这次到了北朱村后只好再打听了。

这大汉刚走到北朱村的东北地，见一人正扶犁耕耘，于是上前打听。

清代之前，北朱村人用的是老式步犁。在犁铧与犁杆之间有个孔，中间插上犁载儿，管着犁地的深浅。当犁地人听到打听"张步青"时，笑着说："认识，他是俺东家，俺是他的把式。"

当时看好犁到了地头，犁地人拔下来犁载儿，左手的食指伸到了犁载儿孔里，扶犁的右手顺便一声响鞭，那骡子拉紧了套就往前走。犁地人弯着腰又犁了一圳地（俗语，圳是量词，意为一块地那么长）。那大汉看着轻巧，也学着扶犁人的样子拔下了犁载儿，将左手食指伸到了犁载儿孔里，也用扶犁的右手先一声响鞭。牲口刚吃紧套子，还没开步呢，那大汉就疼得大喊起来！他的左手食指已经鲜血直流！扶犁人赶快喝止了牲口，帮他拔出了血淋淋的食指。那大汉忍着疼再打听张步青时，扶犁人笑着说道："别找了，在下就是张步青。"

大汉凝视了这位高人片刻之后，说道："五年后再拜见！"然后离去。

令大汉不解的是，自从那次见其抓鸟后，回家拜高师苦学了整整三年，咋就还是相差甚远呢？

这次，据说大汉回鲁后，聘请多位高师苦学了五年，带着文房四宝和收尸人，又找到了北朱村，并立下字据："打死人不偿命，各自收尸。"

那大汉还是不放心，因怕打死人吃官司，又让到当时管辖北朱村的柏山镇政府立案（指的是今之公证手续），张贴了告示，并请镇政府专人裁决。

对打比赛在北朱村西边十来里的柏山镇政府举行，摆好了擂台。因这件事在当时是一奇：山东大汉找来挑战，所以，比赛当日一大早，武林界和看热闹者就将擂台围了起来。镇政府高约两丈五的院墙内，挤满了观战者。那大汉果然厉害，张步青在擂台上只是辗转腾挪，但是他想：自己丧命是在家乡，总不能让挑战者客死他乡。于是，只是接招、拆招地应付。两人打了半天，也没分出个胜负来。那大汉恨得咬牙切齿，眼看着就要下死手。张步青又像八年前抓鸟那样：立马一耸身儿，又轻轻地向上一提身儿，一个"墙上挂画"，就紧贴到了镇政府的院墙之上。那大汉甚是窝火，牙齿咬得"咯咯"直响，就等着张步青一落地一掌给劈死！看到张步青紧贴在墙上不下来，围观者大声叫好！张步青呢？他在高处很快看出了大汉脚底功夫欠缺的软肋，刚一着地就使劲抓住了大汉的脚脖，猛一发力，将大汉从院墙之上扔了出去，全院子的人掌声雷动！

那大汉摔得难以起身。他的随从搭紧步跑到院外，扶起一瘸一拐的他，搀进了柏山镇政府院内。他跪在了张步青的面前，羞愧地拱拱手，说道："师父在上，请受弟子一拜！我真是自不量力，这次输得心服口服！我这就回去闭门练功，明年的今天再来拜见师傅！"

张步青赶忙双手搀起，笑着说："您的硬功夫很好！今后，我们共同切磋，互相进步吧！"

自打大汉被扔出柏山镇政府大院，返鲁以后再无音信。有人猜测，他因被摔元气大伤，回去不久就可能不在人世了；还有的说，他到底也没有练成像张步青那样的轻功，不愿再来丢人现眼。不管如何说，他到底没能够再找张步青一比高下。

张乐道胜功夫僧

清代年间的一个冬日，北朱村武林高手张乐道到柏山镇赶庙会。刚走到镇南的山口，但见墙上贴着一张告示：柏山某庙功夫高僧，在镇大院摆下擂台，多日以武会友一路胜出。今日诚挚邀请武林高手切磋技艺，胜者奖励，贴此告示。诚望武艺高强者接擂登台。张乐道看后笑了，伸手就要去揭告示。旁边的那位看守者提醒："哎——可看清楚了：'接擂登台'，你能接吗？"围观者闻言一齐将目光聚焦到了张乐道身上：但见他身着烂棉袍，脚拖破鞋片儿，一副邋遢相。人们下意识地将探询的目光转换成了鄙夷的眼神儿。张乐道不管这些，继续揭着告示。恰时，那位功夫高僧赶到，一拱手道："哎——人不可貌相，欢迎这位师傅赐教！"声落脚起，"嗖"地一个箭步，就越出了一丈多远。张乐道箭步相随，一会儿就进了镇大院，又一个"旱地拔葱"就越上了擂台。围观者一边"呼啦啦"相随，一边大声招呼着赶庙会的人："快去看打擂！"

工夫不大，看热闹者就挤满了柏山镇大院。

古语说得好：棋逢对手，将遇良才。但见他二人在擂台上招招式式对垒，不分胜负。那功夫高僧急于取胜，"忽"地一下腾跃到了张乐道的头顶之上，欲一脚跺下去直取其百会穴，来个上首"大开瓢"。不料张乐道轻轻一闪，顺手拽住功夫高僧的脚脖子一甩，就将他抛到了台下的观众之中。功夫高僧也不含糊，一个"蜻蜓点水"，就从观众的头顶又腾跃到了台上。台下观众害怕，有人大喊着："找个合适地方吧，这里人多，别伤及无辜！"

功夫高僧自觉丢了颜面，巴不得马上离开，正好下去这个"台阶"，于是拱手招呼张乐道："走！"

只见功夫高僧又一个"蜻蜓点水"，从观众头顶迅疾离开了柏山镇大院。张乐道紧随其后。工夫不大，就到了一座庙宇面前。张乐道是时才明白过来：这就是功夫僧的所在，他要运用"地利"优势取胜……正想着，只见功夫高僧进入庙门后双手背了过去，"咣"地一声先关上了门；接着，又听"咚"地一声，就将那庙门给堵死了。张乐道在推不开门的一瞬间，脱掉了烂棉袍、甩掉了破鞋片，一个退步到了门楼外边。接着，他先是脉身，然后轻轻向上一提，就"腾跃过墙"到了院内。他刚一着地，就见功夫高僧一个"牦牛转"，一头扑向院墙边的一通石碑。只听得"哗啦"一声巨响，那石碑齐铮铮地被功夫高僧给撞成了两截！功夫高僧的这一招，是给张乐道个提示：下个目标就是你！

果不其然，功夫高僧迅疾扭过头来，就向张乐道胸部撞去！张乐道镇静接招：用轻力应付功夫高僧的冲击力，顶住了他的胸口后，又绊住了他的双腿；一个"双手擒羊"，铁钳子似的抓住了他的脚脖，用力一甩，他就飞出了庙宇的围墙之外！他由于被摔过重，一时间难以动弹。张乐道这才推开顶着庙门的那两通石碑，拉开庙门，穿上自己的破棉袍和烂鞋片，然后拍拍手，拂袖而去……

北朱村的财神爷

　　北朱村红拳之所以底气十足、威震四方，除了精到的武术功夫之外，还有一个重要的因素，那就是经济实力雄厚。他们有慷慨解囊、乐于奉献的"财神爷"张耀轩。

　　张瑞彩，字耀轩，清末民国初年人，明北平布政使张昺之15世裔孙。幼时家境殷实，饱读诗书，稍长，在东王封村民族实业家靳法蕙的煤矿供职，积累了丰富的采矿技术。后来，他自己开办煤矿，又在晋豫开办了多家商号，成了远近闻名的"张五宅"。

　　耀轩品格高尚，很有思维能力与组织才干，全村人都很敬仰他。发迹之后的他热心村上公益事业，慷慨解囊，扶持文武演出团队。平时只要不忙，各个团队加紧训练：一是强身健体、增强体质；二是看村护院、防身自卫；三是传承本村文武专长、弘扬中华传统文明；四是纯洁村风、活跃村民文化生活。为了这些，他付出了许多金钱和精力。

　　只要看看民国年间每年新店火神庙会的"上庙"阵势，就知道张耀轩大致资助了本村红拳事业的多少。

　　旧时，人们特别信奉火神。传说中的火神是阏伯，是正义的化身，所以各地建庙供奉。新店村的火神庙会是正月初八，远近村镇的文体团队都要赴会演出助兴。北朱村的上庙抢尽了头彩，最为红火！

　　一是北朱村团队多、车马服装讲究。清末民初，北朱村的文武演出团队很多。主要有秧歌、腰鼓、高跷、背桩、八音会、舞围竿、抬黄杠及数百人的武术团队。这些个演出大军，按顺序排成了"长蛇阵"。前边已经到达了10里之外的目的地新店村，后面才挨上出村！再看那浩浩荡荡的48辆运载演出物品的三套马车，大牲口全都是膘肥体壮，每辆马车上的三匹牲口毛色也全都相同。所谓的"三套马车"，指的是每辆马车上都套着三匹牲口，驾辕（又叫辕套，牲口在两车干之间，主要掌握前进与方向）的一匹，拉长套（在驾辕牲口的前方两侧，因拉套的绳子长，所以叫作长套）的两匹。这些牲口统一的毛色非常有趣：或是一辆车上清一色的三匹白、红鬃马；或是三匹骡子的色泽相同。由于平时训练严格，就连牲口也讲究！"抬黄杠"中的"文官"顺芝，稳坐轿中；"武官"延平骑着高头大白马，昂首挺胸甚是威武！

二是探马往返飞奔报信，武术一路"长蛇大蜕皮"。这么盛大的演出队伍，前后互通情报很是重要——探马就承担着这项任务。探马一般是精明强干的年轻后生。探马骑着高头大马，身着探马短打装束，腰间红丝带，戴着茶色镜，鞭子甩得"啪啪"响，头盔上的长缨在迅疾奔驰中飘动着，甚是英姿飒爽！他们不仅要向各队头人及时通报行进情况，更要向最后稳压阵脚、坐在轿子里的总指挥张耀轩汇报有关事宜。仅只是这快马飞报的"哒哒哒"马蹄之声，就让观众大开眼界！还有就是不同于任何武术的"长蛇大蜕皮"演出。这种演出，就是队伍行进之中，观众能够同时看到所有的演出：前边演出完了后退，腾出地方让后面演。这样一项项地演出，是北朱村的一大特色。观众争相欣赏、赞不绝口！这样的演出需要较为宽阔的场地。为了打开通道与场地，九支鞭舞得"啪啪"响，威风凛凛得令人敬畏！

三是庙会举办方热烈欢迎，声名威震"南大社"、宁郭十八村。新店村的正月初八火神庙会，北朱村会受到特别的接待。每年的新店火神庙会，组织方非常注重北朱村人的"上庙"。所谓"上庙"，其实就是以村为单位的集体赴火神庙会。正月初八这天，只要看到北朱村的前锋队伍，火神庙中的住持老和尚就会到新店村西口的过街楼下，逐一接待陆续到来的北朱村各个演出队伍。非要等到最后压阵脚、坐着轿子到来的张耀轩不可。因为，外边人（包括住持老和尚在内）都晓得：这么庞大、整齐的阵势，大部分开销都是由这位"财神爷"提供的。所以，大家都很敬佩他。组织方如此盛情的接待，是所有与会者都无法相比的！

新店火神庙会的主持方，对北朱村的落脚地很是羡慕：为了安排有序，出资买下了火神庙戏楼后数亩大的地方，车马停放规整不紊。从中体现出了北朱村人的综合素质和利落大方。

尽管北朱村赴会演出大军人多势众、武艺高强，但因高手云集，总会有人聚众滋事、要出风头。每遇意外，北朱村总是拿出大家风范，简单地比画几下、小露身手，霎时就会息事宁人、"风平浪静"。前边说过的代代高手，只要"点到为止"，就会化干戈为玉帛，从此成为好朋友。当时的"南大社"武术高手不少，经过几次"领教""见识"之后，都相当看重北朱村人。所谓的"南大社"，指的是今博爱县鹿村以南、修武县宁郭镇周边以及武陟县等方圆的十八个村镇。"南大社"这个称谓是在河内县时就有的，地理位置是与"东北社"的王、李、冯封村相对而言的。

张耀轩对于北朱村文化生活的历史功绩，至今仍被村人们口碑相传着。

朱村张两大忌讳

每个民族姓氏都有着自己的特色，其内涵博大精深——中站区的北朱村人也是如此。

北朱村人的两大忌讳由来已久，全是因张氏始祖张昺而起。一个已经转化变异，一个至今仍然因袭。

北朱村非物质文化遗产丰富，民间文艺活跃，喜闻乐见的红拳武术和背桩、腰鼓、秧歌、高跷及抬黄杠、舞围竿、八音会等有十多种。但是，作为一个500余众的武术团，却从来不舞虎（俗称耍老虎）。这是因为洪武三十一年（1398年）十一月，建文帝朱允炆在已裁撤诸皇叔藩王之后，命张昺出任北平（今北京）布政使（序正二品），谢贵、张信掌管北平都指挥使司，受密命监察燕藩。建文元年七月，在行将逮捕燕王朱棣之际，因泄密事败，反被燕王所执，威胁利诱不受，大义凛然赴死。张昺殉难之后，兵变的燕军自北平打到了都城南京。张昺家眷闻讯连夜逃出城，茫然向西北奔去，后落脚于朱村，兄南（南朱村）弟北（北朱村）。因感激朱村收留之恩，定居600多载的朱村张昺后裔，从来都不舞虎。因为当时民间文化人少，多数不识字者误把"朱"当成了"猪"。因怕老虎把"猪"吃掉，所以不舞虎，以避恩将仇报之嫌。常此已久，不舞虎成了北朱村人文艺演出时忌讳的潜规则。

随着社会的进步，人民文化素养的普遍提高，大家都晓得了此"朱"非彼"猪"的道理，于2000年之后破了这个数百年之"戒"，"群虎闹新春"还获得了"焦作市优秀民间文艺汇演一等奖"呢！

北朱村人的第二大忌讳就是无论祖宗神诞日还是纪念日，都不供奉西瓜。这是因为：明代建文元年（1388年），实力强大的燕藩朱棣包藏祸心，意欲谋反，为掩盖其兵变真相，长期装疯卖魔。七月六日（公历8月7日），以交付燕府官校为名，将张昺、谢贵诱骗入府，至端礼门时为伏兵所执。燕王一改往日疯魔常态，笑着威胁利诱。因为其早已倾慕张昺之忠勇，他要劝降为己所用。张昺厉声怒斥道："宁可断头死，莫做易主臣！用诱兵之计杀忠臣，卑鄙、龌龊、可恶、下流之极……"被揭穿老底的朱棣恼羞成怒，按照事先谋定的"摔瓜为号"，将张昺、谢贵二人残忍杀害。年仅42岁的张昺以身殉职，谱写了一曲壮丽的舍生取义忠烈之歌！

虽然，朱棣以后的多位明君先后为张昺平反昭雪、封谥"忠烈公"，发帑建祠等，但都无法挽回历史的悲剧。对此，不仅是南、北朱村人，就是遍布于全国的张昺后裔，也都牢记着这个史实，因袭着这个忌讳。

发表于《焦作晚报》2014年7月28日"人文山阳"

老奶奶庙的传说

旧时的中国人，尤其是妇女，崇拜佛教中的观音，在很大程度上是因为相信观音能够送子。虽然，观音在佛教中并不是最高神，但是，却因为有送子的功能，在中国的影响要比佛祖释迦牟尼还大得多。可以说，平常百姓几乎没有不知道观音的，但知道释迦牟尼者却并不很多。观音的寺庙遍布中国。观音的塑像被当作工艺品，是普通人家就能够见到的。观音随着佛教进入中国后影响巨大。北朱村的奶奶庙影响了一代代的善男信女们。据有史记载，北朱村已经有1400多年的历史。丰厚的佛文化积淀中，生育文化更是色彩斑斓——村中二道街东头的奶奶坛，彰显了博大精深的生育文化底蕴。可惜的是此坛毁于20世纪60年代"文化大革命"初期的"破四旧"中，只留下了一尊老奶奶的"肉身"塑像。此坛始建于何时已无法考证，只是在碑记中流传下了清代乾隆年间、民国时期的两次修缮时间与名流善主的尊名。不过，村人无论男女长幼，皆知此处是送子奶奶的庙宇。

自古相传，这世上所有的孩子，都是大奶奶、二奶奶、三奶奶"送"到人世间的。三位奶奶又称"送子观音"。她们"送"的孩子各不相同：一位送的生下来格外漂亮，但是容易夭折；一位"送"的长得很丑；一位"送"的长相、资质一般。也有人传说送子观音是赵公明元帅的三个师妹云霄、碧霄、琼霄。然而，北朱村人却有着另类版本的传说。农历二月十九观音会，纪念庆祝的是佛教四大菩萨之一的观世音菩萨。她在四大菩萨中表大悲，是唯一的女性，坐骑为金吼，是阿弥陀佛的左胁侍。在中国的佛教信仰民俗活动中，观世音菩萨每年有三次庆祝活动：二月十九日圣诞日，六月十九日成道日，九月十九日出家日。在四大菩萨中独一无二、最令人信奉的是"有求必应"。

北朱村旧时的奶奶坛只有一间瓦房，坛内正中是肩靠拐杖，笑容满面地用目观望着身旁娃娃们的大奶奶。在她的两旁，分别是二奶奶、三奶奶的神位，无有塑像。在那四周的墙壁之上，皆是数不清、年龄大小不等、神态迥异的娃娃们。这些小娃娃突兀在墙壁之上，谁进门都要摸一摸，有意思极了！此坛原先有屋门，不知何时去向不明。村上孩子们都很喜欢墙壁上的娃娃们，一天不知要摸多少回。没有了屋门正好，成了孩子们捉迷藏隐身的好去处。

  旧时，人们有到送子奶奶处求子的习惯。虽一年四季均可求子，但以农历正月十五、十六及本村十九的"添仓庙会"，二月十九的老奶奶"圣诞日"庙会时最为"灵验"。届时，有乞孩儿愿望者，定要带上香烛和金裱、银箔，到送子奶奶的神位之前虔诚礼拜，磕头许愿，乞求送子奶奶降福瑞、赐吉祥，送个满意的孩子。但凡此时，乞孩儿者还要请个同行者做保人，监督生子后的还愿事宜。日后如其愿望成真，在生孩后的第三天要到送子奶奶神位前还愿，兑现所许之财与物。这就是民俗中所谓的"报堂"。是时的还愿礼品同前所许，有的还要燃放一挂旱鞭。供享大致为特定的油馍卷大葱、红皮熟鸡蛋和油炸的麻叶小焦花，此为必备之物。敬神之后在返家的路上，见到熟人及街坊们都要让其吃一点，称之为新生儿"咬灾"，意即咬去小月孩儿一生的灾难。如果是在自己家敬神还愿的，那就只好自家人给自己的孩子"咬灾"了。

  坛内的送子奶奶塑像主要有三尊：大奶奶、二奶奶、三奶奶。虽没有四奶奶的神位，但她却留下了坏名声。民间流传着一首顺口溜："大奶奶送，二奶奶搁（抱送之意），三奶奶吃焦花，四奶奶落嚼骂。"此意为：在冥冥之中，大奶奶指挥、带领着专管抱送孩子的二奶奶，给虔诚乞求孩子的人家送去希望；事后，求子者生孩子后的供享，由三奶奶接收，就此一切顺利也就罢了，但日后一旦小孩有个闪失夭亡了，人们就会骂四奶奶：这个四奶奶漂亮，送出去的孩儿也漂亮！但她送出去后常常犯后悔，又会给收了回去。为避免此种情况的发生，人们会给小孩起个最丑、最不雅观、最为难听的名字，也就是人们常说的乳名：臭蛋、丑丑、猫狗、砖石，等等，都成了取名字的"原料"。也有此种传说：四奶奶闻之厌恶而回避，不思收回之事，而是将孩子们留于人间。此后每年的大年初一及正月十五、十六，人们都要去烧香礼拜祀神。这其实是旧时科技落后，希望改变当时孩子生多活少现象的求生愿望。如若像而今科技发达，几乎是生一个成一个的话，落嚼骂的四奶奶也就几乎是耳根清净、心安理得地接受着人们的敬祀了。

  关于几位送子奶奶的来历，还有另外的说法。

  大奶奶，《帝京景物略》及山东大学《民俗研究》是这么记载的：碧霞元君即为泰山老母，又称泰山女神、泰山玉女、泰山娘娘、泰山奶奶、神州姥姥等。她原为上古女神，是在宋真宗封泰山之前，石雕像被沦于玉女池而至。相传,"至宋真宗封禅泰山,还赐御帐,涤手池中,一石人浮出水面;出而涤之,玉女也。命有司建祠安奉,号为圣帝之女,封天仙玉女碧霞元君",建祠安奉于泰山岱顶碧霞洞。此庙明清时期盛行于我国北方及全国各地。地处黄河以北的焦作怀川大地也不例外,送子奶奶信仰成了民俗的重要崇拜对象。

在民俗上,虽所有的神及其自然崇拜对象都可送子,但最多、最普遍的还是俗称老奶奶的送子碧霞元君——大奶奶。

传说中的二奶奶,可能是闾山派的临水夫人。闾山三奶派有三位女神仙,临水夫人是催生保产的。据史料记载,陈靖姑便是闾山派的临水夫人,生于公元905年,卒于公元928年。据说,陈靖姑年少时曾经到闾山学道教法术。相传能降妖伏魔,扶危济难。她24岁那年福建遭遇大旱,民不聊生。为拯救百姓,她不顾自己已怀胎三个月的流产风险,毅然脱胎祈雨。然而,正当她祈雨时,当地邪恶的白蛇精和长坑鬼前往陈府盗胎,张开血盆大口将胎儿吃掉。陈靖姑回陈府后发现已晚,痛心不已,悲愤之中施行法力。长坑鬼狡猾地逃掉了,白蛇精被追进了古田临水洞。是时的陈靖姑拼尽了最后的气力腰斩了蛇精,天空终于乌云密布,降下了甘霖。但是,她却终因劳瘁饥渴而死。而事实上,陈靖姑是死于难产。所以,她在临死的时候发誓:"吾死之后若不救世人产难,誓不为神也!"她的赤诚普救天下妇女难产之情感动了上苍,于是教她救女之术。因此,当英灵升天之后,补学了救产、保幼之术,最终成为救产护胎佑民的女神。所指的送子二奶奶可能是她。因为,中国从无其他女神比她还突出的专司产子之类的神术了。

传说中的三奶奶名王三,是清代嘉庆年间京东香河县人。她不但医术高明,并且经常无偿为百姓医病。因此在这位老奶奶去世之后,为了纪念王三奶奶悬壶济世、解救百姓的恩情,便被百姓们在娘娘庙里供奉成神明。而且如今每年在王三奶奶的忌日之时,王三奶奶的后人们,仍会从天津赶来这里为老人上香扫墓。

在民俗上,从求子者意识上讲,都愿意尽快要一个聪明、健壮、活泼、可爱的孩子。据说,到北朱村奶奶庙求子者一般都能如愿,所以,香火旺盛。

用现在的话讲,奶奶庙是搞和谐的:调理纠纷与矛盾,解除了人的思想隔阂与精神负担。据说,到朱村老奶奶庙求此事者,夫妻和睦了,姑嫂、妯娌团结了,与公婆、邻里的关系融洽了……

还有,老奶奶是观世音菩萨心肠,专门为民祛灾、去祸、治病健体。这些目的达到了,信奉者身体就会健康,精神就会愉快。所以人们很是感激老奶奶造福人类之恩。

北朱村的老奶奶庙，做了这么多的善事、好事，所以远近信奉者争相膜拜，香火日盛。

背桩演出是绝活

2008年1月31日，被列入"焦作市第一批非物质文化遗产名录"的北朱村背桩，于160多年前在北朱村张昺后裔祭祀祖宗的集会上初次露面，就备受老百姓关注。

明代建文年间，时任北平布政使（正二品）的张昺，因监察燕藩消息走漏，在北京被朱棣杀害。后来，家小在南京闻讯连夜逃离，最后辗转落脚于朱村。张昺死得悲壮冤屈，明代多位皇帝为张昺平反、正名和封谥，并发帑建祠。后裔祭祀甚是虔诚。清朝末年，张氏开明豪绅张瑞彩热心公益事业，在村上组成多个文体演出团体。为了让英年早逝的始祖张昺看个稀罕，就组建了背桩队。背桩是大型演出，每年都要在张昺诞辰的农历五月十一日祭祀时演出。由于老百姓喜闻乐见，后来一些盛大庆典和春节会演都要演出。

背桩队由成年桩（下桩）和少年桩（上桩）各12人组合而成。演出时身着演出服。成年桩肩扛高达三四米的铁桩，每个铁桩上坐着幼儿演员。背桩队伍在锣鼓声中双纵队S形登场，行进与循环往复。装扮、表演的主要角色是《白蛇传》《西游记》《红楼梦》等中的人物。

这种焦作地区罕见的民间舞蹈遗存，具有特殊的表演性、艺术性，但也具有危险性。焦作地区方圆百里为其叫绝。

受气媳妇和不翻

北朱村有着丰厚的饮食文化积淀，其中民间风味小吃不翻儿最具特色。这是祖祖辈辈流传下来的，一直延续至今。鼓顶小鏊饼，长期以来都是探亲访友的稀罕礼物。因为一般人家没有这种小鏊，也不会烙烤这种饼子。

村上有一家的不翻儿烙得最好，可惜儿子不争气，把儿媳打残废后酿成了悲剧。

这家烙不翻儿很是讲究。其实，不翻儿就是一种烙馍。把发好的小米面稀糊，倒在一种特制的鼓顶小鏊上，用煤火烙烤而成。因为只烙一面，不用翻过来再烙，故而取名不翻儿。这种鼓顶小鏊烙烤的奇形饼子，如蘑菇状，上面突出，下边敦厚松软。吃起来香酥爽口，味道不同于一般的饼子。

据说明代中叶，北朱村这家不翻儿烙得最好的娶了个儿媳妇，不仅人才标致，还勤快能干。但他的丈夫是个独子，从小娇生惯养得脾气特别火爆。没娶媳妇的时候，他经常和爹娘顶牛，为一点儿小事就耍横，动不动就摔东西。爹娘本想娶房媳妇管管他，谁知却为他找了个"出气筒"。只要稍不顺心，不是打，就是骂。媳妇胆儿小，挨打了不敢大声哭，更不要说反抗了。久而久之，这男人的脾气越来越大，逮着啥是啥地随手就打。那天，他在外面与人斗嘴落了下风，心里很是愤怒。回到家中，他媳妇正在做针线，他就抄起擀面杖朝后脑勺打去。只是一下，他媳妇就昏倒在地。他吓坏了，大声呼救。他的父母闻声而至，见媳妇没有知觉。一连几天，这媳妇都是软软地躺在床上，紧闭双眼没有意识。无奈，这男儿只好通知岳父家人。这媳妇的父母、兄嫂来了，自然少不了哭天抹泪和一顿埋怨，并让那男人写下了保证：一是立马救治，好了才算拉倒；否则披麻戴孝送葬，并包赔娘家抚养费200两银子。二是如果人醒过来，今后再听说她挨了打，先带人抄了他们的家，然后再把人带走。三是今后和美过日子，每月让媳妇回娘家看望老人，并且验伤、过问可曾受气，也好让娘家人放心。看到死人一般的媳妇，娘家人着急，婆家人害怕，她的男人只好一一应允。

经过多方名医诊治，媳妇总算醒了过来。可就是很忘事，正说着话就停了下来：忘了。他男人一改往日坏脾气，真的不敢再打了，倒是惭愧得给她道歉。他正说着呢，媳妇就睡着了。这个媳妇能够下地之后，什么活计也不会干了，整日里以忘事和瞌睡浪费时光。眼看着一个月期限已到，婆家人着急：是自家打的，赖不得别人；穷家人娶妻不易；万一有个闪失，就像这样的傻媳妇也怕娶不起。眼看到了该回娘家的时间，请医抓药已经花光了家里的钱，总不能让她空着手回娘家吧？明儿就是娘家规定一个月回门一次的最后日期。于是，想到了自制不翻儿。

婆婆头天下午就烙好了一大沓不翻儿，可媳妇出门不知道往哪里走。刚问一句路，人家还没答应呢，她就睡着了。瞌睡一上来，扎着不翻儿的兜篮（用柳条编制的圆形小篮子）就掉在了地上。她醒了，慌忙捡拾。但那时没有水泥、柏油路，路上的虚土沾满了不翻儿，已经无法食用。工夫不大，如此这般数次。没办法,婆婆只好把她搀回了家。那天上午,娘家人如约找上了门,先是暴打那男人一顿,然后领走了闺女……

这都是老人们茶余饭后的笑料,但听来心中五味杂陈。随着社会文明的进步,人们的生活节奏不断加快,越来越多的人没有时间亲自烙烤,况且,也没有这种鼓顶小鏊,只是想吃现成的。于是,这种独特的风味小吃,就更成了人们餐桌上的独宠。

朱村香油故事多

北朱村的小磨香油,味道特别醇香,由来已久。据老人们回忆:最晚也应始于元代。在漫长的历史进程中,又融入了外来几家的制作工艺,使得它更加地名声在外,享誉上、下五村和修武、博爱、武陟、沁阳等方圆百余里。

北朱村有生产优质小磨香油的老传统。仅就现今老人们的耳闻目睹而言,从民国年间绵延至今的北朱村小磨香油作坊,大致就有以下多家:

一家是张林家。张林自幼由舅父抚养成人。成家之后,舅父教其香油生产工艺。他学成后回村开了一家小磨香油作坊。自产自销,生意火红,一直干到民国末年。后来,张林参加了革命工作、无暇经营,只好关门停业。

二是张述德家。1948 年至 1952 年,本村二道街中央南侧老槐树院的张述德、李凤英夫妇,带领咸宁、咸美两个儿子,在自家临街屋开了一家小磨油坊。全家人有着明确的分工。述德主外,负责购进芝麻、柴火等。因生意太好,当地芝麻远不够用。到远处买芝麻很是辛苦,可以说是两头不见太阳。由于路程长达七八十里,所以拂晓时分他们父子三人就背着扁担、绳索上了路,到盛产优质芝麻的武陟木栾店去购买芝麻。天大黑了,才从木栾店挑着三担大约三百多斤芝麻返回。李凤英主内,主要负责制作香油。买回来的芝麻,先要用水淘净、撇除杂质;然后晾得干湿适中、再次拣出杂质;再后来倒到砌好的、高约齐胸的锅台上的大铁锅里,在灶膛里点着火焙炒。待炒至七八分熟时,立马用专用的大铁铲搂出锅,接到预先准备好的畚箕里。然后盛入大簸箕中端得高高的,徐徐地倒入锅台前的大笸箩里。待冷却后,才可以搭到小石磨上磨香油。炒芝麻是技术活,需要手疾眼快,熟度适中。

当时的磨油没有电力,是用驴或骡子拉磨,人跟着磨道添加芝麻到磨眼儿里,很是劳累。然而,最劳累的还远不是这些,而是磨出油浆之后的晃油。只晃得大部分香油都浮在糊料上边时，才用小油瓢撇出来。这也是技术活，只有李凤英晃得好。晃出来的油不够纯净，还要再存到铁油桶里沉淀过夜……整套工艺技术很高，制作出的小磨香油比别家的都色佳、醇香。

咸宁、咸美两弟兄负责卖香油。他们每天各自挑着满满的一担小磨香油，分路游乡。不用跑远的，只需要到远近十里八庄就行。当地人只要一提起"小卖油"，真是无人不知、无人不晓弟兄俩的声名。不知道每次卖出多少小磨香油，只见回家时担子轻了，用家机土布缝制的钱袋子满了。弟兄俩一掏，那钱便满满地一大筛子，可喜人了！

后来，由于生意扩大，还到本村二道街西头的张延明家，以及博爱县的柏山镇分别开过小磨油坊。直到国家统购统销，没了芝麻来源，才被迫停业。

北朱村的小磨香油生产，承继性很强。新中国成立后在本村开小磨油坊的还有张子纪、张式杰。张子纪的作坊后来是四儿子张保春接替。还有张焦如、张式贵合伙开办的小磨油坊，也经营了好长时间。从集体化时的生产队至三中全会之后，乃至改革开放的当今时代，北朱村生产小磨香油者不少：张守印、张守茂、张守深、张守成等，都开过小磨油坊。

本村开小磨香油作坊最久的有两家：一是张守贵将手艺传给了其长子张家庆，张家庆又传给了儿子张大干，现仍在经营；二是张守印将技术传授给了其妹夫陈跟，一直经营到了前不久才歇业停办。

以上小磨香油主要是自产自销，它们有着诸多的相同之处：首先是北朱村的小磨香油比别地方的都醇香；其次都是以家庭为核心；其三是纯天然的，不放任何添加剂；其四都是以芝麻为原料，不掺假；其五都是卖现钱、芝麻兑换的经营方式；其六生产工具都是小石磨，保留了醇香原味；其七芝麻籽都是熟的（不同于大炒香油的生芝麻，提高了醇香度）；其八工艺都是相同的：

清理（筛选、漂洗）——炒籽——扬烟——磨籽——对浆搅油——震荡分油——沉淀——过滤——成品（小磨香油）。

不同的是生产者更迭了，社会进步了，制作工艺更先进了：电气化、机械化代替了人力、畜力，既省力，又卫生；还节省了大量时间，大大减轻了劳动强度，杜绝了牲口粪便的污染。

小磨香油不仅是调、提味料，可以增加食欲，而且更有许多意想不到的药用效果：口、舌、喉上火，喝点冲鸡蛋水加入几滴小磨香油；便秘喝点小磨香油，肠道就通畅了；小孩子磕碰起了包，搽点小磨香油，不大一会儿工夫就会消肿；经常食用小磨香油，不仅方便、美容，而且清火润燥……总之，小磨香油是个宝！

今日的北朱村小磨香油，在继承先人们的传统工艺的基础上，还融入了生产者的先进理念、勤劳与智慧！

愿北朱村的小磨香油生产，更加发扬光大，飘香全国，飘香世界！让更多的人享有口福！

武功高强把身翻

北朱村有个口头禅："张家祖坟圪针高，男的绵善闺女刁。"不少事实证明了这个口头禅的真实性。

说来也巧，北朱村南边一村庄的一户武林世家，非要娶一位武术远近闻名的北朱村闺女做媳妇不可。那后生欲娶进门后就给她"颜色"，试试北朱村的闺女到底有多"刁"！

这件事发生在清朝末年。相传，北朱村一位红拳传人多子少女，仅有一位"千金"女儿，视为掌上明珠，从小就传授她红拳真谛与绝招，学成了一身精湛武艺。眼看着到了谈婚论嫁的年龄，她还是整天舞枪弄棒地练着功夫。她的父亲着了急，设法托人帮忙觅求武功高强的女婿。恰时，那家要找北朱村闺女做媳妇的上门提亲。真是一拍即合，很快就换帖（互换生辰八字，看看属相是否合宜）、定亲，并定下了婚期。

这本是件幸事，可以说是门当户对。但婚后的生活却出人意料：不仅丈夫非打即骂，就连公婆也挑剔家务不精经常给她气受；她回娘家，婆家不是嫌多，就是嫌少；从娘家回来不是说迟就是说早……总之，一个娇闺女掉到了"冰窖"里，整天以泪洗面，不久人就瘦了一圈儿。

一次又回娘家时，她娘心疼得直哭，她爹的心也要碎了！再三追问，女儿才道出了实情。她的父母商议好对策之后，故意推后了回婆家的时间。封建社会里男尊女卑，媳妇们凡事都要遵从婆家的安排。本来是让她吃过早饭就回去的，结果小晌午才到家。婆家不晓得媳妇是被娘家爹给送回的，一进门就发难于她。婆婆刚说迟了，丈夫上去就动拳脚，还要一脚把她给踢到了院子里。不料这次娘家壮了她的胆，丈夫刚一抬脚，她稍一躲闪后顺势一拉，她的丈夫就重重地摔在了地上。他纳闷儿了：以往她都是只出招、不接招，想不到这次失了脸面，不觉恼羞成怒，顺手操起个木棍劈头就打。不想她一个"鲤鱼翻身"，让他扑了个空；紧接着"蜻蜓点水"，稳当当地站到了他的棍端之上。他气坏了，立马抽回棍子，想要猛抽她！不料她刚一着地，就紧紧抓住了他的两只脚脖，大喝一声抛出了院墙之外，落在了岳父的怀里！岳父一边放他下地，一边笑着问道："练功呢？"他羞愧得无地自容，将岳父让至家中。这顿午餐特别丰盛：不仅鸡鸭鱼肉齐全，还外加了"赔礼道歉"。公婆有些不服，立马离席"求教"，都被制服得服服帖帖，问及怎么会跌入岳父怀中？回答是：早已做好了准备，那一声大喝就是"接住"的信号。其实，这个信号没有必要：用多大的力、抛出去多远是一定的。但是，这个媳妇担心摔坏了丈夫，所以预早让父亲站在了院外的墙根儿……

从此之后，这位受气媳妇彻底翻了身。婆家人不仅再也没有欺负过她，还把她高看了许多。后来，日子和美起来，还生了两个儿子。为了使自己的功夫不失传，她教给了儿子。她的儿子们从小就学习父母的综合功夫，长大后双双名震武林。

弟兄分家贫富易
根据张守深、张本聪口述整理

在如今的中站区北朱村，广为流传着一个弟兄分家贫富易的故事。

相传清朝中叶，北朱村的一户人家，老夫妇领着两个儿子生活，倒也吃穿不愁。大儿子名精，小儿子叫明。弟兄两人相隔年龄不多，上门提亲者不少。老夫妇乐得合不拢嘴，先给大儿子精下了聘，不久完婚。接着，又给小儿子明也说好了一门亲事，就等着来年下聘。真是乐极生悲，天有不测风雨，刚过完灯节，老两口就突然暴疾离世，家中只剩下了精的两口子和明三人。本来，这个家庭已经不幸，应当休养生息、恢复元气，但偏偏刚娶进门的大儿媳刁钻刻薄，终日里哭闹着要分家另过。明生性善良、憨厚，不忍心让兄嫂为了自己多生闲气，主动找到嫂子说，同意分家。嫂子得住了这句话，高兴得立马分家。家里的五间瓦房，哥三弟二，这没得说。家里的几十亩耕地，大哥专拣好地上在了分单上的自己名下；剩下的远地、瘠地留给了明。大哥不仅独占了三套骡车，就连农具、家什和家中细软等值钱的东西，也全部拥为己有。眼看着分单已定，没有了明要分的东西，大黄狗摇着尾巴卧在了明的身边。大嫂趁机说道："二弟，看来咱家这狗和你有缘——就分给你吧！"二弟憨笑着点点头，心想："只要你们夫妇好好生活就行，我无所谓。"就这样，家算是分完了。

眼看到了春耕时节，精赶上三套骡车拉粪上地，套上骡子耕地，整天价小曲儿不离口地乐呵着。明呢，只好背着锄镢等手工农具下地。倒是大黄狗亲热，摇头摆尾不离左右。明背着锄镢到地里干活，尽管劳累，一晌也出不了多少活计。

一天上午，明干活累了，倒在埂边就睡。他刚蒙眬着，就梦见大黄狗会说话了："主人，咱家还有手扶步犁，您背来，我会拉！"惊醒后明欣喜若狂，领着狗拔腿就往家里跑。他背上那部多年不曾用过的手扶步犁，随即返回了地里。他刚放下步犁，大黄狗就立到了步犁跟前。主人刚把它给套上，它竟然"呼呼呼"拉了起来。工夫不大，便犁了好几个来回！明感激家狗，回到家里先给它干了碗捞面条吃！自此，大黄狗犁地更加快了。直到春播秋种，也都是大黄狗拉犁种地。倒是精，有三套骡车耕种、拉运，收成却不如二弟，心中很是纳闷。后来问及，才知道是大黄狗的功劳。于是，要"借用"几天。

谁知，那大黄狗是条义犬，只忠于主人。无论借主怎样鞭打，都不肯挪动半步。几番抽打之后，就奄奄一息丧了命。爱犬毙命，主人因悲伤过度昏睡了过去。刚刚入睡，大黄狗就含着泪说话了："主人，别悲伤，我会继续帮您的！您就把我埋在这地边儿，我会长出许多柳条，供您编篮子收蛋……"明闻大黄狗言醒来，在地边儿挖了个大坑，埋葬了爱犬，孤零零地独自回到了家里。

早春时节，大黄狗葬处拱出了簇簇柳条。之后的一个多月里，柳条疯长得繁茂异常。明按照梦中所言：编了十多个柳条筐子，挂在了屋檐之下。然后，按照梦中大黄狗教给的口诀，站在屋前大声喊道："东西鸟儿，南北燕儿，吃颗米，下颗蛋儿。"谁知，喊话刚落音，一拨拨的喜鹊、燕子、麻雀和许多不知名的鸟儿，就都立刻聚集了过来，争抢着往柳条筐子里下蛋！仅只一天的工夫，各种鸟就把所有的筐都下满了蛋！翌日，明把蛋挑到集市上去卖，人们感到非常稀罕，争抢着买蛋……不到半年的时间，明就在别处盖起了新房，把下蛋的柳条筐子移到了新房的屋檐下。院落收拾停当后，回去告诉大哥他准备娶媳妇。

精两口子看着二弟啥也没有还富得快，讨要致富秘诀。明憨厚，无私地如实传授。因为明的地边儿大黄狗葬处柳条很多，精就割了一大捆柳条，回家连明彻夜地赶着编制柳条筐子，准备着让所有鸟雀都来给他下蛋。他想：既然二弟搬走了，那两间房子也归我了，把五间房的檐下全都挂上柳条筐子，一天准会比二弟多收好多的蛋！他把一二十个筐子挂妥，按照二弟传授的口诀大声如是喊，招来了数不清的鸟雀，都争着往筐里卧。精喜欢坏了，太阳落山时又呆了:咋就顺着柳条筐子的缝隙往下滴鸟屎呢？他先取下几个，全都是满满的鸟粪。等到把所有的筐子都取完时，双手和全身都是臭哄哄的。他气坏了：从屋里煤火上点了一把火，要把这些筐子烧掉！

本来，筐里的鸟粪稀糊糊的，不好燃着火，可不知怎么回事，"轰"地一声全都燃着。刹那间一股风刮来，把火苗全都撩拨到了精住着的房子上……等邻居壁舍到他们家救火之时，精夫妇住着的三间房子已经化为灰烬，可怜这对小夫妇也双双葬身火海！

闻讯赶回的明见状悲痛欲绝！邻居们劝道："别哭了，赶快料理后事吧！这正是'傻人头上有青天，精人头上有火鞭'哪！做人还是厚道的好啊！"

倒是独吞家产的精夫妇，临了不仅谋得的家产被焚，连年轻轻地两个大活人也被火焚！要不是厚道的明埋葬，他们入土也是难事。

这个弟兄分家穷富易的故事，告诫人们做人要厚道，勤劳才是自己应该所得；任何刻薄刁钻的损人利己者，都不会有好下场！

两次打鬼不见鬼

在北朱村的二道街中段路南老槐树院的小临街屋里，住着煤矿工人张述德。他身强胆正出了名，尤其不信神，不怕鬼。

说是不怕鬼，还真的让他给撞上了两次。

在他30来岁那年隆冬的一个黎明，皎洁的月光分外迷人。他当时在西大井煤矿（后来的王封矿）务工，上的是早班，天不明就得到岗。他那天起得晚了些，吃完饭急匆匆就往村外赶——西大井在北朱村正北的八里处。当走到老洋路（原道清铁路）南不远处时，但见老洋路与便道的十字交叉口，有一个八尺来高、一人多粗的筒状立物，月光下显得格外瘆人。这个路口是他上下班的必由之路，想要绕路，西边的岔道口还有好远。绕路走要多耽搁时间，恐怕误了上工。

年轻人胆壮啊，他疾步向前走去。眼看就有几尺远了，那立物抖动了起来。他想：这是个活物！于是，他顺手拾起两块石头，厉声喝道："是人是鬼，我都不怕！你不应声，我可就要撞了！"话落石出，那立物突然断为两截：上面的一截被抛在了一边；下面的喊道："好汉住手，我是人！"

张述德近前观看，竟然是个男人！

原来，这也是个穷苦人，家住在南边几十里外的农村。因为那时候没有钟表，上班要看夜里的月亮到了哪里。他是第一天上班，家里人把握不住时间。他吃饭早了，就出门早。因为他家离得远，想住在一位远房亲戚家里，所以就带了条被子。下井前先寄放到官房（矿办公室），等下了班背上去亲戚家。因为平时一般不走夜路，一个人孤零零地心里害怕，总是四下张望。当走到十字路口时，就看到南边有人快步如飞地走来，心里害怕极了：看那身手，自己远不是对手。万一是个劫道的，自己的被子岂不是被抢？他越想越是害怕。眼看着那人越来越近，就急中生智想出了"装鬼"这个馊主意：他把被子反卷过来露出了白色，然后套到自己的头上，就想把那人给吓唬跑！本来想着月光虽好，但夜不观色，来者看到这么高一个立物，一定认为是鬼，会被吓跑的。等到他离开了，自己再取下被子，背上赶路不迟……

张述德闻言笑了，两人一齐向西大井走去。

张述德的第二次见鬼，是在翌年的麦收之前。那日下午，他到下厂（朱村矿）去买担烧煤。不想买煤者太多，挨了一下午的班也没挨上。看看天色将晚，就想顺便拐到自家的那块坟地，捏捏麦子籽粒能否磨捻转（嫩麦粒煮熟了，用石磨拉着碾成圆形的细长条），家里已经是青黄不接了，也好让妻儿解解馋。他这样一路想着心事，不觉已经来到了地边。但见自家父母的墓冢顶上，一个活物在抢着软物，"呼呼"生风！初见着实吓了一跳！等到定下神来，弯腰捡起一块大土坷垃，一步步向那物逼近。大约只剩十来步远了，他用力将土坷垃砸了出去！谁知，正好砸在那物的头上，疼得"哎吆哎吆"直叫：原来也是个人！他也是到下厂买煤的，也没挨上班，想着空手回去怕挨娘骂，就想顺道揪些即将成熟的麦子回去。刚进入张述德家的坟地，不想从路上来了个"莽张飞"（比喻走路疾而快）。于是，他扔下空挑子，脱下上衣轮了起来，想装鬼吓唬人……

张述德气得直想打他，怎奈他苦苦哀求。想想他也是个穷人，就放他归去。

之后，张述德逢人就说："哪里有鬼？都是人装出来的！狠打就对了！"

人们得知他的"遇鬼"经历后，都觉得胆正辟邪，人世间根本就没有鬼。

煤矿童工苦难重

这个悲惨而又真实的故事，曾经发生在我们的家中。

在北朱村二道街中段路南的老槐树院，住着我们一个大家族。那时候村民普遍贫困，这个大家族里的每个家庭，基本上也都是难以糊口。

家居农村，地少且贫瘠，所以家里很穷，只能靠到煤矿务工谋生。

穷家的孩子们从小就得劳作，非但不得上学读书，还吃不饱饭。大约到了七八岁上，就得跟着父兄到煤矿当童工。对于今天生活幸福美满的孩子们来说，听那个时代孩子们的故事，简直如同听"天书"。

八岁童工还"看戏"

我的父亲七岁那年突然死了父亲。我的奶奶领着两个姑姑和父亲苦度时光。当时，大姑已经十六岁，二姑还不满周岁。旧社会里妇女不能走上社会去工作，只是在家里做些家务。奶奶因实在是无米之炊难以操持，只好将十六岁的大姑嫁了出去。家中没有经济来源，吃了上顿没有下顿，一天能吃上一顿饭还是好的。时人普遍流传着"早上吃干（没东西），中午吃仰脸（吃不上饭，只有看太阳）"的口头禅，忍饥挨饿可想而知。

男孩还好，大人们巴望着"不吃十年闲饭"。这是个苦难的家庭：就在早此之前的两年里，先是我的祖父突逝，紧接着又是长父亲七岁的大伯去世。按道理说：死了父、兄的我的父亲，是应该很被奶奶疼爱的。但是，穷人家的孩子娇惯不成——没饭吃。看到父亲已经7岁，奶奶就有了希望。没有多少地，孩子小也不会种，那时候社会落后，当地除了煤矿之外，再没有其他的企业，所以，这些可怜的穷人家孩子，从七八岁起就得去煤矿当童工。他们中的多数，都得下到几十丈深的矿井下拉拖。所谓的拖，其实就是一种装运煤炭的荆条篓。这样荆条篓，每篓能装煤炭百十来斤。穷人家的孩子平日里总是吃不饱，所以都很瘦弱。包工头心狠手辣，全不念孩子们年纪尚幼，一人一拖地拉不动。稍一拉得慢就会遭到拳打脚踢、皮鞭抽打。所以，这些苦孩子们经常是皮开肉绽、鼻青眼肿的。但无论怎样受苦，工钱还能当日结清。或是一斤麦麸皮，或是两斤黄豆皮什么的。据说，这些东西是英商资本家喂牲口的饲料。但是，整日饥肠辘辘的中国穷人，能吃上牲口的饲料也就很不错了。所以，它对穷人们很有诱惑力。

奶奶想方设法求了人，没让父亲去下井拉拖，跟着本村的一位长辈当机电学徒工。那位长辈是在井口开绞车往上搞煤的，父亲就先跟着他学膏油。所谓的膏油，就是给绞车添加油剂，让机器润滑。当时膏油用的是食用油，有时是豆油，有时是棉清（棉花籽）油。那油装在大缸之中，盛油时少了得踮起脚尖，把头伸到大缸里去。那种油壶少说也能盛二三斤油，对于七八岁的孩子来说，从缸中掂出来很是吃力。那日，我的父亲到大油缸里往油壶中灌油。因为缸里油少，只好踮起脚尖，将肚子放在了缸沿之上。油是灌满了，但是提不动。谁知刚一使劲儿，连人带壶就掉到了大油缸里。长辈师傅正在开着绞车，没有觉察到这些。恰时，一位童工也来灌油，看到了在大缸里"噗噗通通"挣扎的父亲。一看缸里有人，那童工大喊起来！长辈师傅闻声立马停车，疾跑了过去，抓住父亲的两条小腿，一下子从大油缸中拽了出来。父亲浑身淌着油，连连打喷嚏。长辈师傅见其可怜，就领他到了车房里，用力拧出了他全身棉衣里浸着的油。之后，见他直打哆嗦，就说："孩子，回去换衣服吧！"

我父亲闻言回家，高兴极了！一蹦三跳地离开了师傅，出厂而去。那是个下午，李封村的大辫子戏唱得正热闹。他兴冲冲地跑到了戏台之下——看戏去了！

站了不大一会儿工夫，见前面不知是谁烘了一堆火。打着哆嗦的父亲就围了上去。刚过了一会儿，烤火者就都纷纷离去。父亲可高兴了：都走了，我正好离近点儿烤干衣服。但想不到的是，只烤了一会儿，衣服就冒起烟来，身上也没那么冷了。正在得意，一位长者一把将他甩出了老远，大声喝道："不要命了！您身上是油，见火哪能不着？"众人闻声全都将目光投注到了父亲身上，不觉个个揪心！原来，一大堆火他一个人烤，大家是在躲他全身的油啊！要不是那位好心长者甩开了他，他肯定会被烧着。太可怕了！

这就是我的父亲当童工时看戏的故事。每每忆起，心中就会泛起阵阵酸楚……

独根苗子被砸死

现在，让我们把话题回到我们家族童工下矿井拉拖的事上来。

当时，二伯家的两个孩子、七爷家的两个儿子，以及我的两个哥哥六个孩子中，最大的也不过十五岁，最小的是二大哥，只有七岁。穷人的孩子懂事早，心力齐，抱成团互相帮衬。我的八奶奶看到孩子们每天虽然下工回来带着伤，但却挣回了吃的。她虽然比我们大家生活都好，不愁吃穿，但看到孩子们挣来吃的很是眼热，于是狠狠心，硬是把自己独根苗十五岁儿子转运也送进了童工帮里，并千叮咛、万嘱咐，要侄子们保护好小叔叔。孩子们记住了，干活中千方百计护着转运。每次下井拉拖，总是前边三个，后边三个，把转运护在了正中间。每天下工回到家里，八奶奶看到转运挣回来的吃食很是欢喜。但干了没有几天，一日班中七个童工正拉着拖走，突然掌上就"冒天"了，不偏不倚，正好砸住了走在中间的转运身上，当场就脑浆迸裂，倒在了血泊之中！

八奶奶撕心裂肺地哭喊："天要绝我独根苗啊——"

八奶奶活到九十多岁，经常悔恨自己："不该贪财呀——那些个孩子们是因为吃不上饭，才让他们到井下去拉拖的。我有饭吃呀，为啥还要眼热孩子们拿命挣回的那点儿东西呢？活该呀！"

童养媳妇遭罪多

在北朱村二道街正中段路南的老槐树院里，有一户穷人家两代都是童养媳。她们受尽了苦难。

婆童养挨打受气

民国初年，北朱村有一家孤儿寡母，因怕儿子长大了娶不上媳妇，所以就给八岁的孤子订了童养媳妇。

这位童养媳妇是李封人，自幼丧父，母亲改嫁，她随祖母生活。八岁那年，祖母不幸突没，她就无处流落。其族人与其改嫁的母亲商议：想让她把孩子带走养着。她的婆家非但死活不肯，还起劲地打骂折磨她。无奈，事情只好搁置下来，这位孤女只有暂住舅家。

但是，住舅家也不是长远之计。舅家人多嘴杂，嫂子们容不下她。其舅父是个很会办事的人，想起了一个好办法：孤女是他二妹家的，北朱村孤儿寡母家是他的大姐：只有舅家从中撮合，才能把这个无处着落的女孩儿给交到一个合适的地方。再说，北朱村的姐家很穷，是靠自己帮衬着生活的。等到日后外甥长大了，家里穷就找不上媳妇，又得自己作难，不如"亲上加亲"。本来，舅舅想着他们是两姨亲，婆婆是童养媳的亲大姨，不会怎样外待她。如今，正好把这个与外甥同岁的外甥女给说过去，是再也合适不过了。结果，可就把这个孤女给推进了火坑里。

  这个童养媳过着非人的生活。别看未来婆婆是她的亲姨妈，可打起她来心狠手辣。一个八岁的孩子，本应该是无忧无虑的美好童年，可她却吃不上、穿不暖。熬稀饭成了她的"专利"，并时常因为稀了、稠了、糊了挨打。擀面条不经常，擀不好又是一顿暴打。她做好了饭，先紧着人家娘儿仨吃，剩多、剩少才是她的。有时没了，她就只能忍饥，还得落下"不会看锅下米，吃不上活该"的埋怨。后来年龄稍大些学做针线活，一针不合适就会遭到暴打。因为平时挨打太多，她的两根小拇指又太细弱，竟被打成了终生弯曲伸展不开……

  无论怎么委屈，她都不敢在人前掉泪。只要看见她落泪，免不了又是一顿痛骂、暴打。有时是别人做错了事，却不由分说地责罚她。那时候他男人还小，不懂事，经常帮着母亲打骂她。全家人的中心议题是：童养媳妇真坏！

  无论怎么委屈，她只能忍受：她实在没地方可去，一般不会有人看望她。有时舅父会去看她，但婆婆总是不离左右，再多的委屈也不敢诉说。好不容易苦熬过了八年，挨打受气才算有了缓解。十六岁那年圆房，没有亲朋、酒席，两个人睡到一张床上就算了事。就这样熬成一家，生了两个儿子，一个闺女。大儿子已订了一门娃娃亲。

媳童养受尽难为

  如果说这家的婆婆幼时丧父无处流落，只有住童养一条活路的话，那么，婆婆的大儿子媳妇则是另一回事。

  在新中国成立之前的20世纪40年代，地方武装疯狂倾轧，不时匪来盗抢，"拉锯战"搞得社会混乱异常，百姓们完全没有安全感。最为可恶是山中的土匪，他们下山进村，除了强抢财物、牲禽之外，还多次抢"压寨夫人"上山。有几家的大闺女就被抢了去。

  这位婆婆的大儿子，自幼订下一门娃娃亲。这亲家在府城村，这个姑娘确实还小：上有三个哥、四个姐。当时，她才十一岁，个子矮得很。她家人之所以为她订亲早，主要是上述社会的缘故，并非生活上过不去。就在订亲的翌年，社会更加混乱。无奈，她家只好请媒人到婆家说和，先把人给送过去——住童养。

当时，这家婆婆突然自绝，家里只剩下老光棍领着两个小光棍和一个小闺女。临行前，小童养媳的老娘嘱咐媒人：孩子还小，时岁不好，先送过去吧；在家里娇惯坏了，还请亲家公多多担待。尽管小童养媳妇的娘心愿如此，但现实可就完全是另一回事。

刚被媒人领进婆家的门，外间床上放着个不到两岁多的小闺女。公公就说："交给你了，这是你可怜的没娘妹妹！"看到这么小的孩子，小童养媳不知如何是好，"哇"地一声哭了起来。公公见状，虎起脸来说道："拜托媒人，还把她给领回去吧——她还小，不懂事。我妞儿小就够受了，再来个哭哭啼啼的咋办？"媒人一边连忙给公公解释，一边连哄带吓小童养媳。就这样，算是留了下来。

为了这个没娘的小姑子，她不知哭过多少鼻子：失奶的孩子肚子不好，指不定啥时候就会拉稀一大摊。她在家最小，没干过这样的活，难为得只哭。

为了学会做饭，她也不知道哭过多少脸。家里穷，上午连顿"净身"的面条也吃不上，得掺进些绿豆面，和面就是一大难关。添水多了太软，公公事先已经放好了面，不让半路加面；添水少了和不到一块儿，一丁点儿、一丁点儿地添水太误时间。公公还在一旁看着呢，她实在为和不好面而心里发慌。好在自己男人脾气好、手善，无论公公怎样呵斥都不打她，这让她少受了许多的皮肉之苦。

有一天，公公心里高兴，就买了一条大鲤鱼，让清蒸着吃。刚买回来时鲤鱼还活着，一窜一窜地挺吓人。公公可不管这些，也没告诉她具体的做法，提起腿走人，到街上下棋去了，只等中午回来吃鱼。公公走后，同院子的婶子、大娘们很是好奇，一起围拢上来看那鲤鱼。因为这个村子很旱，没有水潭，更没有鱼塘，所以没人养过鱼。平日里生活，能够吃饱饭就很不错了，几辈子的家庭妇女都没有吃过鱼，更不要说做鱼了。大家七嘴八舌地议论了好一阵子，谁也说不出做法来。小童养媳直哭：中午做不出鱼来该咋办？婶子大娘只有相劝的份儿，没有更好的办法。于是，待小童养媳不很哭了的时候，使个眼色就都离开了。等小童养媳再看那水缸跟前的鲤鱼时，早不知何时就一动不动地死了。

按道理说：鱼死了杀着不害怕。可是，从哪里杀起呢？她犯起难来。

结果，耽误的时候长了，等到公公回来她还没有做任何事情。只见她眼睛红红地呆站在屋里。公公想着她大概是因为胆儿小、不敢杀鱼，就吩咐她和面做中饭，自己动手把那条鲤鱼给开剥、洗涮干净了，吩咐她下午清蒸。具体的做法，她仍旧没有想起来问。她为何不问？用她的话说：自己见了公公、小叔子，就好比是老鼠见着猫似的吓迷了窍，根本想不起来该说啥、干啥了。

吃过中饭，爷儿几个又都出去了。小童养媳把那开剥好的鲤鱼给洗涮完毕又作起了难：咋做？咋办？自己的回答是：不知道！无奈，她只好把公公开剥好的鲤鱼放在了案板上，等着晚上挨打、挨骂了。

晚上，爷儿几个兴冲冲地回家吃鱼，又是空欢喜了一场。没办法，只有等到次日再说。那是农历八月的天气，正是放臭肉的时节。第二天一早醒来，满屋子充塞着死鱼的腥臭味儿。很好的一条大鲤鱼没吃成，倒进了茅缸里。为此，小童养媳不知掉过多少泪，挨过多少骂。她发誓：一辈子再不吃鱼！真的，她为吃鱼、做鱼伤透了脑筋，一辈子没再吃鱼——这是后话。

在婆家住童养的日子实在煎熬人，整天连个说话的都没有。实在是太想家了，就小声嘟囔着要回去住两天。公公一般都会答应。但是世道乱，来回都要有人接送。

有一次，她在自家住着正高兴呢，母亲突然让她回婆家，说是听街上人议论：杂牌队马上就要进村了。母亲也是好意：杂牌队甚是可恶，强抢民女是家常便饭；咱既然跟了人家过日子，就一定要保住黄花大闺女的身子。于是，马上叫来一个儿子，让把小闺女赶快送回婆家去。

那时候农村人普遍缺吃，最烦赶顿来客——这是谁都心里明白的潜规则。哥哥为了避这个嫌，到村口就停住了脚步，目送小妹进村的寨门，才转身回返。

这本来不是件坏事，却遭来一顿打骂。原因是还没到规定的日子去接，怎么就敢擅自一个人随便跑回来？当时已经近午，爷儿几个都在家里。公公知道大儿子手善，不打她，就干脆命令二儿子："打她！"就这样，小叔子拳脚相加！打过之后，她还不敢哭，赶紧去做午饭。

因为她是在近午时才回到家里的，自然也就没有她的饭吃。等到他们爷儿几个吃完了饭，她又赶忙洗碗、收拾。她心里那个憋屈呀：这叫啥事？啥道理！

小童养媳妇的非人生活，正如刚解放时唱的那支《妇女翻身歌》那样："旧社会，好比是，黑咕隆咚的枯井万丈深。井底下，压着咱们的老百姓，妇女们最底层。"那时候，连正儿八经娶进门的媳妇，大部分还都是挨打受气呢，何况婆家从小就养在家里的小童养媳？她们的作难与受气，是可想而知的。

新中国成立之后，取消了住童养习俗——童养媳妇的苦难生活，已经成了久远的故事。

西王封韩氏名人故事多

古老悠久的历史，孕育了西王封人杰地灵的丰厚文明底蕴。自古以来英贤辈出。

革命先驱韩立纶

西王封村韩氏始祖，是唐宋八大家之首韩愈之二十三世裔孙韩念五，他的远世裔孙韩立纶（1883～1931年），字经亚，光绪年间考中秀才后，曾被委任为豫北道道尹。但是，一贯反对封建帝制的他，很快辞去职务，继续求学。

在就读于开封政法学堂期间，他积极参加反清、推翻帝制活动。毕业后考入上海工业学堂后，仍是积极从事革命活动。趁假期返回家乡，带头剪掉辫子，反对封建制度。

1908年，他在开封中州工学教书时，参加了孙中山领导的中国同盟会，为河南同盟会分部成员。他积极参与攻打开封、火烧抚台衙门等活动。辛亥革命胜利后，袁世凯窃取胜利果实，恢复了帝制。韩立纶与友人到焦作来发动反袁斗争，在距离本村北面数十里的太行腹地葫芦寺内，开挖了两个窑洞作为根据地，存放弹药武器，准备发动武装斗争。一次，运送枪支弹药时被焦作敌军截获。恼羞成怒的敌军明知是韩立纶主谋，却抓他不着，就到西王封村将他家洗劫一空。约在1914年，为抵抗帝国主义掠夺煤炭资源，他在博爱常口一带开办煤窑，开采的优质煤炭供不应求。当时方圆流传着这样的顺口溜："要烧煤，韩立纶。"1915年底，复任河南省议会议员的他，在家乡成立了反英斗争指挥部，坐镇指挥焦作反对英帝国主义者疯狂掠夺煤炭资源的斗争；1924年，他到曾任过豫北道道尹的下辖怀庆、五会、彰德三府二十四县，宣传、发动革命斗争。1927年起，他先后在国民党河南省党部负责，任执行委员会常务委员。

他由于长期操劳奔波，积劳成疾而英年早逝，享年仅48岁。当其灵柩由道清铁路运回乡时，教育界组织师生迎灵，并举行了盛大的安葬仪式。

韩立纶领导的煤矿工人大罢工，有着韩坟再迁的因素。当时，英福公司中的英方掌控着掠夺性疯狂开采媒体的局面，变本加厉地苛刻盘剥工人；采空区迅速增加，得不到及时补偿，百姓们的生命财产受到严重威胁。所有这些，激起了广大煤矿工人的强烈不满。由于地面的塌陷，韩家坟需要再度搬迁——只有再回迁至原来的北地。但是，迁坟补偿款却迟迟不予兑现。于是，便发生了前面所说的韩立纶领导的当地煤矿工人大罢工运动。在中国煤矿工人运动的强势威压下，迫使英帝国主义不得不做出妥协、让步。

之后，韩立纶到河南省国民党党部任职。他在第二次韩家坟从南往北回迁时，起到了至关重要的作用。韩立纶买了二十斤当时老百姓们都没有见过的大米，带头找人打墓，先移迁了自家的坟茔。并且，动用了国民党管辖的平调局，解决了韩坟回迁的经费、补偿款等实际问题，才有了后来村人们所说的"后老坟"。韩家坟茔在短暂的数十年内数迁，不能不说是民族的灾难！

说起韩立纶的开采煤炭，那也是有一套技术的——叫作"抽斗窑"。所谓的"抽斗窑"，说的是四面都是英国人的采区，韩立纶在中间开矿。英帝国主义本想先挤垮这些小煤窑，然后再吃掉它。但是，却被他给"破解"了：他神不知、鬼不觉地在英国采区的上面"吃煤"，不动声色地夺回了部分列强的掠夺！

说起韩立纶的革命事业，也实在是不易。先是选择最佳军需储存处：葫芦寺最为理想。它身处太行腹地，三四十个村民早被人打跑得不知去向，全村空无一人。其地处豫晋交界，物产丰富。收获了漫山遍野的核桃，拿到集市上去卖，也是一笔不小的收入，正好为储备军需所用。这处理想的所在，是他在开办煤矿时选定的。真是天时加上地利，靠的是智慧和勇气！

韩立纶的高尚民族气节、革命功绩，永远铭记在人民的心中。

韩嘉玉与新学堂

早在辛亥革命前的1905年，怀庆府河内县西王封村开明绅士韩嘉玉，就在本村老君庙闲置房舍内办起了"文新学校"。有了这种全新的"洋学堂"，家长们纷纷把孩子们领出了单调枯燥声韵训诂的私塾，让自家孩子到传播新思想、开设多门新课程的"洋学堂"学习。当时的这类学校，在方圆百里内为最早。

1850年，韩嘉玉出生在西王封村一户农民家庭里。他自幼聪敏好学，读过私塾。稍长外出求学，读完了师范，接受了许多早期国民革命的新思想。他主张男女平等，妇女放开被缠裹着的小脚，并且带领男人们剪掉了长辫子，发动有经济实力者放开手脚兴办企业等。他们家中的女眷皆为大脚，幸免了从小缠坏脚骨之苦。他还办起了私人煤矿。

韩嘉玉家五世同堂，治家严明出了名。虽家庭富有，但素以勤俭为本。他很是注重儿孙们学习文化。凡家中孩子年满七岁，就要送进学堂，并不让再随父母居住。放了学，孙子们与他同居一大室之中，五更黄昏不让偷闲，各自就座在自己的书桌前读书、写字、打算盘。由于他的严格训导和教师的博学多才、教学有方，使得他的后代们在学业上长进很快。其中，有的上了大学，有的成为政府要员，还有的当了教师。

开办私人煤矿有了经济实力之后，他办起了轰动当时的"文新学校"。这所学校最初只有四个初级班，学生百余人，三名教师执教。为了扩大办学规模和提升教育质量，他四出方圆数十里遍访名师，以高薪聘请了当时修武县定和村的两位秀才张洪升、许邦彦。当时，许邦彦受聘于天津学校，韩嘉玉亲自赴天津聘请。韩嘉玉的诚意感动了许邦彦，他毅然辞教返回家乡来，成为西王封"文新学校"的"创校元老"。这所"洋学堂"开设国文、算术、历史、地理、自然、军训、美工、音乐课程。由于教育质量高而名声大振，吸引了方圆数十里的学子三百余人。为使初小在本校就能升入高级班学习，又招收了三个高级班，并将校舍增盖到了30多间，校外操场也随之扩大。这所新学堂"洋"得出名。学校里有军乐队、宣传队，每逢盛大节日总要出动宣传，内容是妇女解放、人权自由、关心国事、抵御列强等民主革命思想，很受群众欢迎！

这所学校纪律严明。学生上课前教师点名查出席；在校期间师生全部着军装、绑裹腿，衣帽整齐，与军人俨然一般。为了褒扬这所学校，河南省教育署专门备案、重新正名，并正式任命韩嘉玉为文新学校校长。

1926之年后，文新学校曾一度易名为"万易小学"，学制仍为六年。1942年当地发生大灾荒，百姓食难果腹、逃荒要饭，学校被迫停办。在前后长达三十七年的校史中，该校培养出了近千名小学毕业生。上层人物的国民党省党部议员韩贵山、冯玉祥部沁阳驻地学校校长韩精华、博爱县县长韩公佑等，少时都曾在该校就读。

文新学校为当地、当时的教育进步，做出了巨大的贡献。至今，乡里仍传颂着韩嘉玉的教育功绩。

发表于《焦作晚报》2013年1月21 "人文山阳"版

五子贡生养孤儿
根据韩书朝、韩普敏口述整理

清朝年间,一个真实的好人故事在西王封发生。

连着数年天灾人祸、民不聊生。村上一户人家本来可以维持的生活逐渐艰难起来,挣扎到了缺衣少食、难以生存的死亡线上。

这家夫妇二人,抚养着一双可爱的儿女。为了寻求活命路径,那男人撇下妻儿,只身逃荒他乡,一去杳无音讯。一连数年,娘儿仨艰难度日。母亲总是舍不得吃,忍饥挨饿到了生命的尽头,叮嘱她的女儿:"我最放心不下的是你的可怜弟弟,你嫁到婆家后要带上他。"

之后,母亲没了,闺女遵照慈母遗嘱,出嫁后将弟弟带到了婆家。但是,由于日子都难过,年幼的弟弟还不会干活,公婆十分多嫌,总是给儿媳妇气受,对这个孩子可想而知。这孩子虽小,但却很有志气,回到了自己的家西王封村。

那是个十冬腊月的上午,村上的男人们在老君庙前晒太阳聊天。这个可怜的孩子拖着双露脚后跟儿的破鞋,身着又窄又小、绷不住前胸的薄棉袄。因系不住扣子,腰间扎了条草绳以御风寒。

看到这个可怜的孩子,人们不约而同地把目光投向了韩长仁。

韩长仁是清朝贡生。由此可见韩长仁的知识与品位。他把自己的知识,献给了祖国的煤炭事业:常年在韩立刚的煤矿当掌柜。所谓的掌柜,大概就是如今的总经理。只有深懂煤炭开采、运销与管理者才能担当。韩长仁懂技术、善管理,韩立刚的煤窑办得火红,韩长仁收入相当丰厚。除了正常的工资之外,东家总是还要给他些奖赏。由于收入可观,积蓄了殷实的家产,全家人丰衣足食有余。

韩长仁很有经营头脑,也很体恤村人。除了雇人耕种几十亩农田之外,还在村上开了一家粮食坊和一家药房。青黄不接的春天,他以低于市场价售粮接济穷人;正二月间,他又以茵陈(白蒿幼苗)换粮食,好让穷人们揭开锅灶、不挨饿。采茵陈的活不重,老人小孩儿都能干。据老人们回忆:一斤茵陈就能换一升麦子!一些家的人勤快,大人、小孩儿齐上阵,没几天就能换一斗麦子,日子就会好过得多。所以,村人们都念着韩长仁为富而仁的好,记着他体恤穷人的恩。并将此种感情转化成了对他的尊崇。所以，当看到这个可怜的孤儿时，大家不谋而合地想到了他。

封建社会里，人们的因果报应、多子多福思想严重：认为韩长仁有五个儿子是他行善积德的回报。他做了很多的好事，相信他会收留这个孤儿的。看到大家投向他的信任、征询目光，他笑着把孤儿领回了家中。他认为自家的孩子和别人家的孩子，都同样需要呵护与关爱；尽管自己已经有了五个儿子，也不在乎再多养一个。

别看这个孤儿不善言谈，但却懂事勤快、闲不住，总是干些力所能及的活。当时，韩长仁的三儿子家忙不过来，他就跟了他。他的三儿子一家人好，面前背后总是念着这个孤儿的好。孤儿不仅能够丰衣足食，心里还很愉快。几年下来，长成了身高树大的壮小伙子。之后，韩长仁为他说了门亲事，修缮了他们家的房舍。一切准备停当，到了娶媳妇时就送他回了家……

而今，这个孤儿的后裔已经到了第五代，一大家子好几十口人。耄耋老人们还在传颂着五子贡生韩长仁收养孤儿的故事。

民国同期三县长
根据耄耋老人韩书朝、韩普敏口述整理撰文

中华民国时期轰动远近的是西王封村同时期出了三位县长：林县县长韩启堂、博爱县县长韩公佑、济源县县长韩善泗。

常不坐衙韩公佑

中华民国时期的博爱县县长韩公佑，上任后经常不到县衙坐堂，而是与国民党左翼在太行山中的茶棚一带，发展进步势力。

韩公佑青年时期就读于传播新思想、学习新社科知识的沁阳私立培元中学。冯玉祥到达河南之后，为了发展中国的航空事业，在洛阳开办了"洛阳航空学校"。沁阳私立培元学校为"洛阳航空学校"的招生点。由此可见，沁阳私立培元中学当时的先进和办学质量！韩公佑就读于该校，所受的教育就不言而喻了。

中学毕业后，韩公佑回到家乡，1930年，年仅二十六岁的他就在新乡中福

公司经理处任经理，并在1934年创办安吉印刷所，1937年在西王封村创办天一公司。抗战全面爆发后，他又在敌后太行山组织家乡民众开展抗日斗争。国难当头，他担任敌后博爱抗日县长重任，为官清廉，对属下约束甚严，不准扰民和随意摊派。他还担任第三十游击支队队长，配合抗日部队抗击日寇。

韩公佑亲民，影响了他的下属。当时，李封、中站一带归属博爱县管辖。村人韩恒一跟他在博爱县干警察局长。每逢抓夫拉丁，他总是不忍心抓自己村及邻村的人。有些即使抓了，也要想办法多方斡旋放回。

民国时期，中站一带是博爱县的十方乡，韩公杰任十方乡乡长，对乡里人很够意思——这也是受了韩公佑亲民睦邻思想的影响。韩公佑虽思想倾向革命，但还不是共产党员，他的亲民之举多出自乡情，这也使乡亲们少遭了许多的罪。

还有博爱县参议韩师菲。他刚直正义，经常为民呼吁，很受民众尊敬。虽然，他的主张因社会体制难以实施，但大家还是感激他的挺立民意。

村上老人们至今还说："公佑、恒一和公杰，不管在外边怎么样，在家乡可没有做过坏事！"在日寇侵华及民国、伪顽时期任职的人，能够得到这样的评价，实在是不易之事。

尊老传道韩启堂

民国时期，韩启堂曾任林县县长职务。有两件事至今仍被长者们口碑相传。

一是按照章程尊老敬老。西王封村韩氏后裔总共有十三支，韩启堂家族是第八支，他们家是本支的长门。每年的大年初一早上，他都要带领阖族人等，到韩文公祠祭拜。此祠供奉的是远祖、唐宋八大家之首的韩愈。议程中，少不了对于韩愈的生平事迹介绍。特别是为了长幼有序、睦族亲宗，他首先是用当时最为上等的核桃木，做了个最大规格的神龛。下面是与之一体的、斜着的五层阶梯，直接通到搁在方桌后面的条几上。神龛里，辈辈先人名字排列有序，非常醒目。此神龛的做工与选材，在当地可称之为一绝。由此可见韩启堂的良苦用心与尊敬先人的虔诚心境。据九十岁老人韩普敏回忆：凡是正月初一，族中各户的男人，都要到韩启堂家祭拜先人。他当时只有八九岁，为了给先人们"上香"，他吃力地爬上五层阶梯，把点着的一把香，插到神龛前的精致大香炉中。大人们都夸他"孝顺"时，他就喜欢得很。

每年这个时候家族男人聚齐时，韩启堂洗手正冠后领着大家祭拜。之后，还要讲一些有关祖宗的事迹，鼓励后辈效仿，立志成才，增强家族后劲。

二是为村上的青少年传道。这位林县县长由于任职在外、公务繁忙，平日里在家待的时间很少，只有春节期间才能在家小住几天。除了组织、接待族人祭拜先人事宜之外，还有上述重要事情——传道。

大年初一是韩启堂传道的最佳时机，并已形成了"族规"。每次传道，他的开场白总是："祖宗虽远，祭祀不可不诚；子孙虽迁，经书不可不读。此吾之责任也！"由此可见，他将传道、教化民众，当成了自己义不容辞的职责。在那样个社会里，他能够有此想、此为，已经是相当高尚了！

他带领族人跪拜过祖宗之后，村上的青少年无论是在外就学者，还是本村学堂里的小学生，亦或是无读过书的，都要聚拢到祠堂院里，聆听他站在祠堂前台阶上通俗语言的"传道"。所谓的道，倒不是只讲道家经典，除了老子的《道德经》之外，还要讲《孝经》等。至于先祖韩愈的生平与功绩，那就更是每次必讲。他之所以如此传道，无非是进行传统伦理道德教育，弘扬先祖伟大精神，从而孝敬老人、尊敬师长、勤奋学习、睦亲和邻、家庭和谐等的阐述。由此可见其之良苦用心。即使是他端午、中秋的短暂回乡，也要不失时机地传道。他的此举很受欢迎。每闻他传道，不仅是青少年，就是成年人、老人们也都争相涌进祠堂，一听为快！

韩启堂的传道，是西王封村在外做官者的绝无仅有之举，所以，至今老人们还都在夸赞他。

体恤村人韩善泗

民国时期，西王封村韩善泗曾担任过济源县县长职务。韩善泗，字油古，早年曾在阎锡山部任职。因看不惯军阀割据、社会动荡而弃军从政，坐上济源县县长交椅。

据耄耋老人韩普敏回忆：当时社会动乱，地方顽固军派差派粮频繁。他那时大约十多岁，被派差到山西去送军需。当时的交通工具是铁脚牛车，他的责任是拿镢头打车眼儿。这是因为从出发到山西一溜上坡，牛有时就拉不动了。为啥不用大牲口？大牲口虽然力气大，但它不如牛的拗劲儿，于是，就选择了牛拉。但再大的拗劲儿，也扛不住长途接连的上坡路。

一个寒风刺骨的隆冬，东、西王封村组成了一帮车队。十几辆牛车走到山西晋城歇脚时，又饥又渴又疲乏。正在无奈之际，突见迎面来了一乘"二人小轿",后面跟着一帮戴大盖儿帽的卫队(看上去像是一个警卫排),甚是威风!说是"二人小轿",其实就和四川的滑竿儿差不多。只不过用来抬的不是竹竿,而是木制的;被抬者坐的是一把柳圈椅子。由于没见过此物,大家忘了疲乏似的观望。突然,此一行人停了下来,高高在上坐着的那人招呼道:"西王封村的,快过来!"众人这才注意到了发话人,惊喜地喊道:"啊,是善泗!这么巧?"

说话之间,东王封车队已经赶到了前边。看到衣衫褴褛、骨瘦如柴的村人,善泗动了恻隐之心。他很快让手下人联系了卸货地点,就近将货卸到了晋城,半下午村人就空车返回。临行时,善泗叮嘱村人:"今儿是巧遇,我也不经常回家。这样吧,贵屯有我几个拜把的铁哥们,以后有啥不周不便之处,就找他们帮忙。就说是我的家人!"车把式和村人们闻言,心里着实感激!直到今日,仍然念着善泗的好。这是后话。

王封车队又轮到去山西送军需时,东王封人问道:"俺把货送到了晋城北五十里处的山沟里,直到深夜才回来。听说恁半后晌就回来了,为啥这样快?"西王封人支支吾吾地答不上话来。善泗早就想到了这一层:他已经不在军界,只是到山西办事巧遇村人而已。少数车马就近卸货,偶尔行个小方便还行。如果整个车队都就近卸货,是不可能长久的。所以,没办法为邻村也行此方便。虽是歉意,但也是没有办法的事。因为,那个世道根本就说不上公道!

除恶恤民韩廷德

至今,西王封村的老人们,仍在传诵着韩廷德人品与与才干的传奇故事。

韩廷德是清代能人,办事果敢利落,名扬远近。

相传,远在西王封村北十多里处太行山中的西张庄村,地下矿藏非常丰富,尤其是煤炭。但因他们村财力有限,自己无法开采,被吕则义霸占着强行开采。由于"吃"煤(当地俚语,即开采意)而地势下沉,居所受到威胁,村人们提心吊胆。虽然义愤填膺,但因人穷、没有靠山打官司胜诉不了,心里甚是憋屈!

韩廷德闻言挺身而出,到阳庙拉来土炮、鸟枪等,全副武装地聚众到西张庄煤窑示威声讨,并扬言:定要决一死战!一向耀武扬威的吕则义被震慑了,吓得闻声逃走，销声匿迹不知去向何方。

事态平息之后，西张庄村头人请求已有一座煤窑的韩廷德，到他们村开采煤炭。韩廷德体恤百姓，只在村的四周开采，将村子留在了高台之上，保护了此村的原貌，保障了村人居所的安全。

后来，英商列强入侵，开采我华夏煤炭资源。英福公司中方总经理孙越崎，为扩大煤炭开采事业，下令搬迁坟墓。并成立了"包坟会"，还为西王封村韩家老坟下拨了四万块现大洋费用。村人选举韩廷德接手"包坟会"事宜，是因他能尽量厚待村人。他与英福公司交涉：一定要按墓头计算，每座分洋二十块，补贴粮食一斗。

韩廷德的善意赢得了民心。得到实惠的村人们，都满意地动迁自家坟茔，将韩家老坟整体迁移至西王封村南地——也就是后来所说的"韩家南坟"。

由于韩廷德爱国恤民思想的熏陶，他的膝下六子温、良、恭、俭、让、法，也都是友亲睦邻，尽心竭力在煤窑做事，享誉家乡。

农庄庄长韩普高
根据韩书朝老人口述整理撰文

韩普高参加革命较早。在参加八路军太行军区四十五团之前，他就已经是"西大井"（王封煤矿）的护矿纠察队队员。

1945年，焦作第一次解放，西大井（王封煤矿）正式更名为"焦作新华煤炭公司"。为了维护刚刚取得的革命胜利果实，公司组建本矿工人纠察队，维持治安，确保生产秩序。当时，日寇虽已投降，但还没有退却干净；加上伪顽残余势力，明枪暗箭不断。当时道清铁路老君庙西的洋桥被炸断。洋桥西边的日本人无法通过桥梁到东边来，又不敢到西边的村庄去，成了过街的老鼠——人人喊打！护矿纠察队既要担负护矿、保安全重任，还要随时防备反动势力的颠覆骚扰。因此，随时都会出战，生命危险不时可能降临。韩普高很是勇敢，执行任务、冲锋打仗总是在前。

之后，韩普高正式参军，成为太行第四军分区四十五团的八路军战士，随部队南征北战。1946年，在攻打汤阴孙殿英部的战斗中，他挂彩负伤，只得听从组织的安排，复原回到了家乡。

韩普高刚回来时的焦作地区最为黑暗。出于战略目的，八路军暂时迁回着备战上了山。离开了革命队伍保护的这片土地，一时间沦入国民党、反动势力反攻倒算、群魔乱舞之中，暗无天日。为了保护革命成果和革命家属，农会、抗联等组织人员，按照上级党委安排，备战上了太行山，在晋城县道头村住了下来。西王封韩普高，备战上山走得很快。这是因为他们家族投身革命早，有韩嘉宪等区政府干部3人，西王封村农会干部5人。当时，接到上级备战上山的紧急通知后，他们家族和众多村里的民兵们，大批人马涌向太行山腹地的山西革命根据地。他们一路走得十分地危险：国民党部队围追堵截，要赶尽杀绝红色政权的人。前边正跑着呢，忽然就被截住，队伍被截断了；战争不时发生，随时都有生命危险。国民党那时是洋枪大炮，火力很强。而且天上还有飞机盘旋，不断丢下炸弹！这些备战上山的干部都是老革命，韩普高便是其中的一位。韩普高带着枪伤一路寻找，好不容易找到了晋城县道头村，见到了久违的乡亲们。当时，备战上山的人很多。山西本来就贫困，又增加了这么多人吃饭，实在是无能为力。

但是，在太行第四军分区专员公署专员杜毓沄的领导下，很快就把这么多的人给安顿了下来。通过开会教育、讲清形势，号召大家积极展开生产自救运动。遵照伟大领袖毛主席"自力更生，丰衣足食"的教导，大家一起动手，顺利度过了"黎明前的黑暗"。会后，焦作市成立了"后方安置委员会"，主任是任湘生，乔福楠是焦作合作分社的经理，主抓生产。

上述二人多次召集各村干部开会，集思广益解决自力更生问题。据已故的博爱县贵屯村上山老干部张兴让及其妻子张福意多次讲：韩普高当时是干部，会议上不断讲话、下达生产任务。

据现已90多岁高龄的韩书朝回忆：根据当时山西缺布少棉、食盐紧缺的严峻形势，准备纺花织布。但是，山西当地人全都不会河南妇女们的这些活计，甚至从来就没有见过纺花车、织布机是啥模样。韩普高就让韩书朝找来木料和工匠，一点点地教着做成了纺花车、织布机。备战上山的妇女们不仅自己纺花织布，还教会了当地妇女们干这些活计。男人们呢，不是开荒种地，就是到方圆各村去收瓜子、鸡蛋什么的，再拿到远处的集市上去卖。有了钱之后，才能买回些山西小米充饥。当时山西大部分地方都不种麦子，生活贫困。在家吃惯了面条的人们，十天半月时间都吃不到面条，生活相当艰苦。直到1948年焦作二次解放，备战上山的人们，才全部回到了家乡。

回到家乡之后，曾一度被反动势力糟蹋得乱七八糟的局面，立刻得以安定，健全了组织，成立了"焦作市后方安置委员会"。那时候的焦作范围有限，共分为三个区：市里是一区，恩村是三区，王李冯封是二区。二区的区政委是王泽民，了解备战上山返回家园者的情况，提拔不少骨干当了基层干部。西王封村村委会的干部是村长韩书朝、政治主任韩世瑞，韩普高是治安主任，财粮是支部书记。

在之后的日子里，韩普高的工作一路走红。无论是土地改革，还是镇反、肃反、纯洁革命队伍，都表现得先进、积极。那时候当干部纯粹是奉献，没有一分钱的报酬。无论是1945年成立村农会，还是1948年焦作二次解放后成立的村人民代表大会，韩普高都担任着职务。他为革命奉献的青春，镌刻在了历史的长河之中、人们的记忆里。他工作积极，群众威信高。所以，当韩书朝提拔到王封乡政府任行政秘书时，韩普高接任了村长职务。

半年之后，农村又都称为营部，韩普高是营长。再后来，学习苏联农村建设经验，又将营部改为集体农庄，韩普高当上了庄长。再后来，成立的农业初级社、高级社，韩普高都是社长。

综上所述，在新中国成立初期的多年里，韩普高都是西王封村的一把手。不仅如此，命运只有三个月长的集体农庄易名后，韩普高还当过硫磺矿的矿长。韩普高的革命生涯，是一部红色的革命史！直到1966年"文化革命"开始后"斗当权派"，韩普高才结束了他的干部生涯。不是因为有什么问题，而是年纪大和没有文化。

婚姻被毁疯终生

"生命诚可贵，爱情价更高。若是不遂愿，愿将前者抛。"这是西王封村"疯智"的遗诗。

"疯智"生于民国年间，他的婚姻悲剧，至今仍是西王封村长者们茶余饭后的谈话资料。

"疯智"是婚姻被戕后疯的。他本名韩宗国，是本村开明士绅韩嘉玉之四世孙。韩嘉玉生于1850年，自幼聪敏好学的他，成年后在家乡与修武、济源等多处开办煤矿，积蓄了厚实的家资。当时，清政府腐败丧权辱国，社会黑暗动乱。为教育救国，韩嘉玉于1905年在西王封村的老君庙内，办起了当时我市第一所新学校——文新学校。在37年的校史中，韩氏名流贵三、警华、公佑等，都曾在此校就读过。"疯智"也在该校上过学，后以优异成绩考入河南省第五师范学校。

这所师范学校的前身是1883年中州名儒李时灿先生在卫辉府推行进步教育

时创办的"经正书院"。1906年,全国"罢科举、兴学堂"风起云涌,时任河南省学务公务所议长、教育总会会长的李时灿先生,又在经正书院内创设了"经正师范学堂",开创了河南师范教育先河。1918年后,此校更名为"河南省第五师范"。这所学校大力传播"三民主义",提倡自由平等、婚姻自主和女人参加社会工作等新思想。韩宗国考入此校时,他们家已经五世同堂。不用说韩嘉玉年事已高,就是韩宗国的祖父师霏也已年逾古稀。送韩宗国上学的前一天晚上,他的父亲韩保语重心长地透漏了上两辈老人的意思:"老人们已经等不及了,都盼着你尽快成家、娶妻生子。你哥韩轩已经有了孩子——但那是他的一支,不是你的小宝宝。你到学校除了学好功课之外,如若遇到合适的,回来告诉我。咱三媒六证地赶着往前走……"直说得韩宗国心里酸酸的:曾祖父很是疼爱自己,从幼时有记忆起,就和哥及二曾祖父嘉圻的子孙们一块儿,跟着曾祖父同住在大屋子里,早晚学打算盘、习大字、背书等。他背书很快,字也写得顺手,算盘还打得溜,曾祖父常当众夸奖。说着说着,就笑呵呵地抱起了自己,慈祥爱怜的目光铭刻在了他的脑子里。每每如此,他就想着长大了一定要好好孝敬他老人家。如今,自己穷学生一个。他老人家就这点儿心思,自己一定遵从。

翌日上学离家之前,曾祖父深情地拍拍他的肩膀说:"此时无声胜有声,一切尽在不言中。"韩宗国点头称是,由家仆护送骑马上学去了。刚到学校,就和北朱村张女士不期而遇。

他俩真可谓之郎才女貌。韩宗国身高肤白、五官清秀、风度儒雅。张女士中等身材、体型匀称、面如桃花、明眸长睫、小口皓齿、眉若柳叶、高相鼻梁、笑靥动人。她刚一入校,就被那些男生们看上——包括韩宗国。别的男生她都不屑一顾,惟独见了韩宗国就要说上两句话:既是乡邻,还是老亲戚,在家时偶尔见过面,不到一学期的时间,他们就相互倾心。

学期结束,放假回到了家里,双方将此情禀告家长,不想全都极力反对。

这对年轻人不理解:自家家长开明大度出了名,为啥要棒打鸳鸯?张女士的祖父是当地鼎鼎有名的大财东,热心公益事业、体恤乡里,仗义疏财无计其数,咋会"迷"在孙辈儿的姻缘事上?他们门当户对,两厢般配。双方祖父极力反对的原因是:两家是非血统的老亲戚,张女士长着韩宗国一个辈分。

虽双方极力抗争,但最终却被锁在了屋中,连学也不让上了。

开始,韩宗国痛苦嚎啕,渐渐地,在屋里找到一个锥子,猛往自己身上戳,工夫不大就成了血人。热血的喷溅湿透了窗户纸,挺吓人的!一句话,他疯了！其父韩保立马招呼家丁，费了好大劲儿才将门打开，制服了他。从此，他的疯病日益加重：锁他不是，放他伤人。后来，他的祖父费尽周折，给他定了亲，并很快完婚"冲喜"。新婚之夜，他就拿起板凳砸媳妇的头。吓得六神无主的新媳妇，第二天到娘家"回门"时，哭得死去活来不愿回婆家。焦作解放后，住在娘家的媳妇已步入中年，又回来给他看病。终究没能治好，只得失望离去。

他也有清醒的时候。当时，乡间没有公交车。嫁到东冯封村的张女士去中站赶集，要路过西王封。一次和他相遇，他叫着她的名字追赶老远。张女士忍不住扭头过问他："为啥追赶？"他笑着回答："要一块钱！"张女士含泪给了她。

再说张女士，婚姻被毁后寻死觅活，发誓"终生不嫁"！不仅精神时有失控，还落下手哆嗦的毛病，拖了好多年都拒绝提亲。后来年龄大了，被强行许配给了东冯封村常家，她嫌人家没文化死活不从。没办法，他的父亲出资，供养她女婿上学。当她看到"准女婿"人才大不如初恋时，又哭闹着抗婚，还大病了一场。趁她病中脑子不清醒，老人们硬是把她给嫁了出去。

这对初恋情人的罗曼史令人心痛：因为双方父母不同意，男的疯傻痴迷；女的手哆嗦气心疯，说起话来没完，并且，未到老年就早早离世，结束了他们刻骨铭心的精神折磨。

机电班长韩普海
根据韩普海子韩照阳、海阳，学友韩善佑口述整理

原焦作矿务局王封煤矿远近闻名的机电班班长韩普海，是韩愈之西王封村支脉后裔第21世孙。

韩普海生于1937年8月8日（农历七月初三），卒于2005年7月15日（农历六月十五），享年68岁。

韩普海是韩普高的弟弟。他自幼丧父，弟兄三人中为幼。

韩普海有一部心酸的家史。他的父亲原本勤谨，但因清末、民国年间社会污浊，染上大烟毒瘾后将家产败尽、衣食无着。其母领着孩子们艰难度日。

韩普海酷爱学习。因为家里穷，他从幼年起就开始劳作。新中国成立后，父母亲带着他们姐弟过日子，也算衣食有着。韩普海小学时用功出了名，尤喜数学。1953年上了高年级后，放学回家完成了作业，晚上还要再约几个同学，兑了煤油灯钱在一起上自习。学习地点设在分给穷人的韩普新家楼上。每晚挑

灯夜战，非要集体研究着攻克几道难题不可。如此的学习，直到1954年小学毕业，才算告一段落。

孤儿好心酸。后来，母亲生病去世，父亲就当上了车把式。再后来，父亲也撒手人寰。他成了孤儿，虽酷爱学习，但无人供养，眼睁睁失去了上学的经济来源。孤儿的生活甚是辛苦：一个十几岁的娃娃，白天跟着大人们赶车拉货，晚上睡在马房里喂牲口。直到王封煤矿招工，他才到机电班当了机电工。

他由于品德高尚、工作积极、肯钻研业务，又经常搞技术革新，所以从生产组长做起，一步一个脚印地走上了王封煤矿机电班班长的岗位，井上、井下数百号人都归他管。他进矿不久就入了党，是全矿出了名的优秀党员。

他还是出了名的机电专家，曾多次破解了机电业务难题。当时的王封矿机电班业务量大，还管着附近几个村庄的机电事务。哪村的机电出现了棘手难题，只要他着手就会马上解决。所以，中站人都称他是"机电专家"！他在机电岗位上一干就是30多年，直到退休。

知名女工靳清梅

在早年的焦作矿务局王封煤矿，有一位赫赫有名的女矿工——靳清梅。

说起靳清梅的家世，用苦不堪言恰如其分。

在那暗无天日的旧社会，她的父母亲靳保吉、张桂花，终生从未吃过美味佳肴。因为贫穷，所生几个子女都已夭折，其中一女活活饿死。所幸靳清梅命大，是这对老夫妇唯一的女儿。

当年祸不单行，家乡连年遭受蝗、旱自然灾害，她们一家更是饥饿难忍。为了活命，其外祖母只好领着去外乡逃荒要饭。她们一家已经上了路，当走到东王封南地时，被好心闻讯赶到的、婆家李封村的老姑妈挽留。当是时，吃糠咽菜都很难维持，老姑妈不知从哪里搞到一个玉米面窝窝头，金贵得宝贝似的揣在怀里，给他们母子掰开充饥。娘很感激老姑妈的好心，听了劝告后才又返回家中，挽救了这个即将破碎的家庭。事后，靳清梅的母亲常这样想：要不是老姑妈及时赶到，还有那个窝窝头的情谊，这个家族的命运将不知如何！因为，当时背井离乡者居多，不是卖儿卖女、妇女另嫁他乡，就是病饿交加客死在外，许多家庭妻离子散。

靳清梅的母亲善良、知恩图报，心里总是记着老姑妈的恩情。新中国成立后日子好过了许多,她就想尽办法补报。哪怕自己勒紧裤带儿省着,也要想办法孝敬老姑妈。老姑妈最爱吃猪蹄、羊大件儿,她母亲就尽力给多买,好让他们全家都吃——生怕买少了老姑妈舍不得吃。

真是"穷人的孩子早当家",靳青梅从小就勤恳懂事,干活非常肯出力。为了生计,12岁的她就到灰窑去运煤干活,下班后还要拾些没有烧透的炭核回家烧火。在她15岁那年,正好王封煤矿招工,她就成了一名年轻的女矿工。

她工作积极,好学上进,16岁就加入了中国共产党,成了当时矿上最为年轻的中共党员。尽管天资聪敏,但因家贫难以果腹,从小上不起学。为了摘掉文盲帽子,她上民校很是用功,成绩也最优异,成了读书看报、能写会算的"文化人"。

她多才多艺。未到王封矿上班之前,就是东王封村越调剧团的主角。她的扮相好,戏唱得更好,好多观众都爱看她的戏,更有好多人认识她。进入王封矿后,常被抽调到矿宣传队搞宣传,成了全矿赫赫有名的大红人!

她很敬业,曾从事话务、灯房工作多年,安全圆满地完成了工作任务,年年都被评为"模范工人""先进工作者"。

"文化大革命"期间,社会秩序混乱。她作为工宣队队长,进驻焦作市中站区人民医院主持工作。挺有名气的中站医院,当时正在"闹革命":"以阶级斗争为纲""反对白专道路",排斥医学权威,主要精力没有放在"救死扶伤,发扬革命人道主义"上。一些看病很好的医生,工作时间跑上街头去游行,闹"革命"去了……

靳清梅充分认识到医院是掌握人命关天大事的地方,必须尽快拨乱反正,将医疗工作纳入正轨。为此,她想方设法做思想工作,解开了医护人员的心结,克服了派性,调动了他们工作的积极性,使该院较快地恢复了正常的医疗秩序。外地病号慕名来这座医院求医者很多,初来者摸不清就医程序,有些文盲不认识科室名称。她忙得团团转,当起了"导医"。一位哺乳期妇女乳房生疮,体温高得发烫,几家医院都在闹"革命"不给做手术。她闻言立即找到本院医生,当时就做了手术。

有一位妇女欲做人流,陪她就医的丈夫很是着急:月份大了,怕危及大人生命。她帮着给医生解释,才免去了回居住地开证明的麻烦。因为,那时候很乱,村干部怕挨斗而东躲西藏,要找很长时间也难找到。如果再找些时候,那妇女的人流就做不成了……

靳清梅在中站区人民医院做的好事很多,人们至今还在传诵。

她勤劳、善良、正直而又严厉，费尽心机养育、熏陶着自己的六个子女。

靳清梅贤惠仁慈。与儿媳们和睦相处，关系融洽，亲若母女，从未红过脸。惋惜的是58岁那年，因患胆囊癌谢世。病中的她格外坚强，总是尽量忍受剧烈疼痛，不愿打麻醉针剂。这种病很疼，可再疼她都不出声，怕吵了儿女、媳妇们。真是一位慈祥可敬的母亲！

两代人的后辈情

中站区东王封村有这样一个特殊家庭：老夫妇靳保吉、张桂花，还有他们的独苗女儿靳清梅与丈夫韩普海，下边一个接一个地生养了一大堆孩子。虽是住在东王封，其实养育的是西王封人。

靳清梅在娘家是独根苗，但当时的社会潮流是重男轻女。尽管，她已经优秀得出类拔萃，撑起了一片天空，但是其父母仍感到没有儿子是缺憾，心里时常空虚。她与韩普海结婚后，中祥、照阳、朝阳、海洋、伍洋五丁和女儿瑞莲相继出生，可为老人家增添了无尽的欢乐！他们胆子壮了，劳作更加勤快了！

为了养活这些健如虎、壮如牛的喜人外孙们，在博爱县乔庙农场上班的靳保吉，工余时间开荒种地，收些粮菜补贴家里。为了让孩子们吃好，老人家甚至到武陟县种瓜、种菜。尽管家庭不富裕，但外祖父母的善良与厚道，是外孙们丰盛的精神大餐。他们总是教导孩子们："对人要厚道，吃亏人常在。"外祖母是难得的好人，勤恳得任劳任怨，忠厚老实得脾气特好。自己一大家子吃饭都紧张，还经常舍饭助困、方便路人。

一年，外祖父到山上担桃子，竟然和果农成了好朋友。只要人家下山，都是在他们家落脚、休息、吃喝。张妈妈从来就没对孩子们发过脾气，搂着大锅为全家人做饭，家务一手操持，支持女儿工作。外祖母有两个习惯甚是可贵：一是做好饭后就靠着门前的那棵大杨树眺望，等待孩子们回来吃饭；二是吃饭总是在最后。哪怕一个孩子没有回来，她就不吃饭。大杨树前的中国母爱，伟大的守望多么至纯！

外祖父母精心地呵护着外孙们，看到、想到时就会笑出声来。尽管生活拮据，但天伦之乐令两位老人幸福不已！他们十分疼爱外孙们，舍不得高声说句话，更不会打骂。

然而，正直严厉的韩普海，教育孩子们的方法却大相径庭。他和妻子工作都很繁忙。他是顾不上别的，靳青梅工余还要到处开荒种地养活孩子们，实在是不易！但是，事情都有两重性：尽管一有时间就说教孩子们要正直做人，对得起别人，不要做让人戳脊梁骨的事儿，等等，但是毕竟是忙碌过度，与孩子们在一起的时间太少，应有的家庭教育没能够正常进行。这位父亲是认识到了教育孩子的重要性，想起来时总是恨铁不成钢，家长式作风严厉得过了头！致使孩子们留下了终生抹不去的儿时记忆——有些打挨得冤枉！

中祥在家是长子，从小聪明、听话、学习努力、成绩优异，从不惹事。照阳是次子，自幼受家庭两辈老人正直善良美德的影响，更是出落得刚正不阿，耿直得形成了有角有棱的个性，是非分明，容不得别人辱骂与胡来！

就在照阳上中学的一天下午，竟对东王封铁道沿年轻人玩扑克赌博产生了兴趣。虽然觉得不对，但还是不时地围观，有时甚至是帮着赌徒们维持秩序。西王封村有人去东王封村南的石灰窑拉白灰，看到扑克赌博也围了上去。照阳想着自己虽住在东王封的外祖父家，但毕竟是西王封韩氏后裔。唯恐西王封人玩起来吃亏，就撵他们走开。谁知他们非但不走，还掺和了进去。不一会儿干输了心里不服，就想借钱再赌给赢回来。结果又输了进去。那天赢的是东冯封人，西王封人怀疑他们有诈，想把钱给要回来。东冯封那些小年轻人可不是吃素的：非但不给还破口大骂！照阳那时血气方刚，哪容得别人辱骂自己村人？他已经火冒三丈，挨骂者却没人敢吱声！照阳接话质问，结果打了起来！但令他想不到的是：自己村的那位肇事者却甩手走了人！照阳的气不打一处来，结果把人家的头给打破了！东冯封人哪肯善罢甘休？晚上张排又叫了些人，结果照阳吃了亏，头被打破了！但却不敢吭气：只要父亲知道了打架的事，总是不问青红皂白就暴打一顿！于是，包扎过伤口之后，就悄悄回家睡觉以免被发觉。但这件打架的事被东冯封的许改朝带给了在厂里值班的韩普海。子夜，照阳正睡得香呢，就被父亲揪起来好一顿暴揍！

照阳那时心里那个憋屈呀：明明是自己仗义为村人撑腰吃了亏，人家却没事人似的丢下他一走了之；明明是自己吃了亏被打得头破血流，父亲却不顾自己的伤势重重责罚！照阳气恼得连家也不回了：免得回家再被责罚。于是，他便暂时住到了荆庵街的一间小屋内养伤，和几位好友商量对策。又一天夜里，照阳领着几个人到东冯封寻仇，因张安电话泄密才平息了事态。

弟兄们多，都这么争强好胜，正义感旺盛，是非感分明，这本来是好事，但却影响了社会的安定，招来了警车多次上门带人。次数多了，母亲就落下了病：只要听到警车叫，就吓得立马往厕所里跑去拉稀！至今忆起：照阳都觉得自己当时幼稚可笑!"文化大革命"误导了学子的观念:一直上到高中,白卷儿英雄张铁生都是他心目中的偶像!

外祖父母的特别溺爱,父亲严教的棍棒拳脚,形成了照阳正直、顽强而又刚毅的性格。

家庭大,孩子多,不敢奢想生活的宽裕。清贫艰苦的砥砺,使得孩子们长大成人后,个个创业致富,人人争做贡献。

在那个计划经济的年代里,工农业的收入都比较微薄,两代老人养活六个孩子实属不易。外婆很能干,一年四季都在生产队里出力挣工分,到年底分红时才开上十几元钱。那时是大集体化,不允许私人经营。勤恳的外祖母不甘贫困,总是想让外孙们吃得好一点儿,少受点儿苦。于是,在家里悄悄养了一头猪。当时,社会上把个人经营叫作复辟"资本主义",等于犯法。家里喂猪的消息传出之后,生产队马上派人给强行拉走,割掉了"资本主义尾巴"。穷家的孩子懂事早,弟兄们从小就勤快,出于孝心,尽力想为老人们分担些忧愁。

孩子多,吃饭首先是个大问题。老人们尽量不让孩子们挨饿,孩子们也想着法子"自食其力"。至今这些当年的孩子们仍能忆起:在1976年后的两年间,家里平时一般都不买菜。母亲和外祖母的管家理念是"节流"和"创收"。

为了增加收入,年龄稍长的照阳和大哥要干些出力气活:首先要起早爬到太行山上割些荆条,回来后手工编成荆片卖给煤矿上,换些学费、零花销钱。尽管家住矿区,到处都是大煤矿和小煤窑,但因为家里收入少,煤火要靠孩子们到小煤窑的矸石堆中捡拾煤炭供着。朝阳、海洋等那时虽然还小,但也没有闲着——家里的吃菜要凭他们双手获取:放学后到菜市场捡拾白菜帮、葱叶、西瓜皮什么的。这些还远不够一大家子吃用,勤劳的母亲一下班就去开荒种地:插红薯、播小麦、点玉米,种芥菜、白萝卜和白菜等。外祖母手勤,很会操持家务:把白萝卜腌泡成萝卜条老咸菜,将红薯叶晒干留着冬天吃。那时节,能吃上玉米面馍就很不错了。外祖母常说:"女婿是家中顶梁柱,下班回来得吃一个鸡蛋营养身体。"直到1988年之后,弟兄们都上了班,家中生活才逐渐好了起来。

说起睡觉,也是个笑话:人多床少,弟兄们挤在一张床上,"战争"时有发生……长期的家庭贫困,无形地时刻提醒着弟兄们:增强家庭实力,首先要打好经济基础!贫穷并不可怕,受苦是足够的艰苦创业学费!从小备受艰苦砥砺的弟兄们,通过坚持不懈地努力,早已今非昔比,走出了一条从能源生意到环保企业的弟兄创业之路!

当年面对贫困,他们并未气馁,而是想着如何摆脱困境。实践证明了他们自身的价值:从清贫逐渐步入了富裕之列,并不断资助公益、做好事,向社会传送着拼搏奋斗、创业成功、乐于奉献的正能量!

书香门第韩清源

清代乾隆年间,怀庆府河内县西王封村有一户书香门第,家中两子成才、三代书香。

西王封村是自孟州河阳迁来的韩愈远世裔孙。村中有位叫韩清源的,出生在一个富足的农户家中。他自幼聪敏好学,七岁上学读书,到后来经过县、乡层层考试得中,获得文林郎散官。

文林郎者,隋文帝时置,在八郎中位第八。炀帝时又置,唐代为文官第二十八阶,从九品上。宋从九品上。元丰改制后用以代留守、节察推官、军监判官,后定为第三十三阶。金时正八品上,到元升为正七品。明代正七品初授承事郎,后又升授文林郎。清朝正七品授文林郎,吏员出身者授宣义郎。《通典·职官十六》与《续通典·职官十六》均有记载。文林郎并非职官,而是散官,是清代为正七品文官所授的散官名。散官是用来鉴定级别的,就好比现在说的"行政几级"似的,只是职级的等级称谓。明清时知县均为正七品,韩清源考中的就是这个行政级别的等级。

韩清源膝下两子:常仁、长义。他们在父亲的熏陶下从小勤奋好学,比着学习、长进,早晚孜孜不倦发奋苦读。据说,到了结婚的年龄,都不愿听成家之事。若是实在要说,也得耐心等到一课书读完,一道题演毕。那时候的人弱冠还没娶妻,就已经成了如今所说的"大龄青年""剩男",就要被人笑话。无奈父命难违,只好娶妻成亲。后来,听新人窗根儿的人说:新婚之夜不看新娘长什么样,眼睛只是盯着书。很长时间过去了,两辈等着抱孙子的婆婆们问起,才得知他们小夫妻无婚姻之实。邻居亲朋都笑他们弟兄读书痴迷!

如此专心苦读,多年后长子长仁取了贡生。因父母不愿让其出外为官,就在本地煤窑当掌柜。他喜欢医学,潜心攻读,后来成为一代名医。因长仁没有出外为官,村人们传说:他的贡生是家里用钱捐的。封建社会里的廪生、贡生,都是国子监的公费生,考取很有难度。有廪生资格的才能被选拔为贡生。明清两代称由国家给以膳食的生员为廪膳生,又名贡生。明初生员有定额,皆食廪。其后名额增多，因谓初设食廪者为廪膳生员，省称"廪生"，增多者谓之"增广生员"，省称"增生"。又于额外增取，附于诸生之末，谓之"附学生员"，省称"附生"。后凡初入学者皆谓之附生，其岁、科两试等第高者可补为增生、廪生。廪生中食廪年深者可充岁贡。清制略同。

由此可见，韩长仁在学子中的出类拔萃！至于是捐是考而取得，因年代久远无可考究。

韩清源有七个孙子，遗传了父、祖的品行，个个读书上进。后来，都出人头地：有的当了县长，有的继续行医，有的在煤窑当经理。

相传，韩长仁有五个儿子，其三子旭芳在本村为河北道台的韩立纶煤窑当经理。当韩旭芳得知反动当局要抓韩立纶时，立马丢下手头事情，大跑着回村报信。当时，韩立纶正在家中与同党开会，密谋武装暴动事宜，闻讯及时上了太行山中存放武器弹药的葫芦寺，保存了革命实力。

这家的三代书香造福乡里，做了许多善事。这是后话。

"里人为美"韩长仁

如前所述：韩清源的长子长仁饱读医药学典，在自家临街开了个药铺，平日里亲自坐诊。由于医德双馨、治病助困，乡亲们联合起来送"里人为美"匾额，悬挂于门楣。

"里仁为美"原本出自于《论语》，大意是孔子说："要择仁人乡里居住。四周邻居，都是仁人君子，就够美了！"乡邻们取其大意而用之，将"仁"字改成了"人"字，直指韩长仁就是仁人君子。这位百姓心目中的"大善人"，因体恤、接济乡邻，才获赠此匾被美誉的。

相传，韩长仁开的诊所，就在自家南屋临街房里。为方便乡邻看病抓药，出入不受日晒雨淋，便在南屋房后的门窗之间搭了一坡小房。这个赠匾就挂在这坡小房外边的南屋后墙之上。

清朝中叶本地蝗旱灾害不断发生。那时候老百姓普遍贫困，每年都闹"春荒"。为了少饿肚子，人们早春就到地里去挖野菜。韩长仁的药铺收茵陈。茵陈就是白蒿的初苗，早春就开始出土。人们常说："正月茵陈，二月蒿，三月就把柴棵烧。"茵陈是越小、越嫩越好。所以，每年过了灯节，大人小孩儿就成群结队去地里、山坡上采茵陈。韩长仁出手大方：每斤茵陈能换等量的一斤麦子。

他的厚道激起了周围村庄穷人们挖茵陈的积极性，十里八庄的人们都挖茵陈。挖茵陈者换得的麦子多了，就能淘洗干净后磨成白面。穷人家春天连粗、杂粮都吃不上，有了白面吃心里自然感激！

有一年的早春，连旱了两年后家家没了粮食。韩长仁心里很是着急，干脆让下人们到好收成的山西收购了大量的谷子，回来后碾成了小米，又是每斤刚采下来的湿茵陈就能够换一斤小米。这些拿回家就能做饭吃的小米，不知救活了多少乡邻的性命！

忽有一年，太行山南麓一带春季瘟疫流行。穷山民们因为治不起病身亡，有的甚至绝了户。韩长仁闻讯五内俱焚，立马采取了最为有效的措施：带着徒弟、伙计们进了山。不仅把贫困病家的诊费给免了，还施舍给药吃。这些受到免费治病的山民们本来就厚道，又受了治病救命的恩惠，实在是感恩戴德、永世难忘！翌年春节，他们结伙带着山中的特产下山来酬谢先生，山楂、核桃、柿饼等堆了满满的一大笸箩。这些土特产当时在王封一带很是稀罕。当地人带着孩子请他看病时，他就拿点儿哄哄哭了的孩子。孩子们看到这些不认识的稀罕物常常就不哭了，他也因此而萌发了此类山货换茵陈的想法。后来，他又画了当地就有的地丁、葛根、连翘、益母草等图样，挂于诊室之中，鼓励大家采集。有些孩子还小，采的茵陈太少，换不了粮食，就抓些山上的特产。消息不胫而走，小孩儿们争抢着采茵陈去换！

乡亲们得惯了采茵陈易粮的好处，每年早春时节，浩浩荡荡的采药易物大军，令他的药铺门庭若市。他家因此而成了茵陈的天地，三间楼房的木楼板上堆积如山。他需要不了这多的茵陈，但乡里乡亲、饥肠饿肚地采来了咋能不换？反正家里底子厚，又不忍心让乡邻们忍饥挨饿，那就换吧，来者不拒！说来也是碰巧：那年怀庆府西南乡一带流行"老黄病"，也就是今人所说的黄疸型肝炎。茵陈是一味主药，紧缺得难以买到。不知是谁传出了消息，他家的茵陈被抢购一空。他可做了大好事一件："老黄病"很快得以控制，他的独门生意尽管低于市场价格，但由于储存量大也赚了不少的钱——家业从此大发！官府夸他有远见，是仁医！乡亲们夸他"观世音菩萨转世""大善人"！

他做的好事太多，令人们感恩不尽、过意不去。后来大家商议，集资定做了这面匾额，悬挂于门楣。原本挂在他接盖避雨的敞棚之后，人们怕挡住了视线、不耀眼，又将其移至了文章开头所说的位置。直到新中国成立，这块匾仍挂在其后裔的临街位置。惋惜的是因采煤地面下沉而数易居所，匾额不知何时遗失——但匾额主人的善行，却一直被口碑相传数百年不衰。

世纪老人韩公超

郭 力

韩公超老人于 2015 年 12 月 7 日去世,离她的 102 岁生日只差五天,享年 101 岁。

韩老是郑州十四中的一位离休教师,曾多年在领导岗位上任职。殊不知,她曾是焦作的大家闺秀,出身名门,自幼接受了良好的文化教育。青年时代她就和郭海长在开封播撒火种,一直支持革命。她的家一度是中共开封地下党组织的联络点之一;她还创办了开封市第一个规范的私立幼儿园,并创办了一所省立中学。

风雨如晦求索路

韩公超是焦作市中站区西王封村人。她的叔父韩经亚(立纶)是河南同盟会的最早成员和中坚力量,早年参加过国民革命,曾任国民党河南省党部常委。韩公超从小深受叔父的疼爱,叔父把她当作亲生闺女看待。小学毕业后,她就跟着叔父居住开封,在开封女子师范初级师范科学习,毕业后又升到开封女子师范高师部。6 年的师范生活,给韩公超留下了许多美好的回忆;省城开封的热闹繁华,给她留下了很深的印象;古城的风景名胜和市井风情,更使她流连忘返。她毕业后因身体不好,没有继续考大学,回到了西王封村老家,曾一度与郭海长同事,执教于西王封村的"文新学校"。1937 年"七七"事变后,日寇全面侵华,中原大地开始遭受日寇践踏。焦作沦陷后,韩公超举家迁入太行山区避难,归隐园田却心存忧伤,远离尘世却无法安宁。

1938 年夏季的一天,家人报信说郭海长来了。韩公超听后心中一惊,接着就是疑惑:他跋山涉水来这儿干什么?因为韩家和郭家是世交,郭海长的父亲和韩公超的叔父是好朋友,两家不分彼此。韩公超师范刚毕业就遇到郭海长托人上门求婚,她拒绝了他:认为他只是个公子哥儿,而不知他是个进步青年。这次他沿着太行山的崎岖小路,艰辛跋涉、一路探询才找到韩家。郭海长热情地向韩公超讲述了大山外的抗战形势,以及青年学生报效祖国的满腔热情。他侃侃而谈,她心中激动不已。韩公超向往那充满活力的生活,也渴望能置身其中。

郭海长此行的目的就是想邀请她走出大山，接受新的教育。韩公超先是兴奋，继而是犹豫，最后还是因先前的求婚之事而存有戒心，考虑再三后婉言谢绝了他。

郭海长走后，韩公超的心情久久不能平静。"后来，海长从洛阳来信，再次约我出山去上学。我想，与其消极等待，不如采纳海长的建议，勇敢行动，走出深山，继续求学。"韩公超打定主意后，经家人同意，准备过黄河去找郭海长。让他帮助联系先上河南大学的补习班，然后再考河南大学。

1939年春天，韩公超见到了郭海长。二人经过紧张复习迎考，当年夏天，双双被河南大学教育系、文史系录取。

革命征程贤内助

1942年7月，韩公超、郭海长结婚。婚后不久，韩公超随郭海长到了重庆。郭海长1941年因思想激进，被迫转学到重庆复旦大学。郭经常组织进步学术社团，宣传群众、联系群众。他们的小家庭成为同志们时常聚集的地方。每次集会，韩公超都会做好安全工作。1945年日本投降之后，韩公超夫妇回到了开封。郭海长创办了《中国时报》，她义不容辞地成了他的助手。当时经费奇缺、物资匮乏。韩公超就找她的堂兄韩公佑，帮助购买些价格便宜的纸张和面粉，有时还请堂兄接济他们一些。为了不使报纸停刊，韩公超还把结婚时的首饰变卖了，供报社开支。

当时，韩公超他们与公爹郭仲隗一起住，开封西大街路北的监察使署院内有他们的家。中共党组织就利用那里不易引起敌人注意的有利条件，时常到他们家中召开会议。在那个白色恐怖的年代里，一些要从国民党统治区奔赴解放区的同志，常常把这里作为中转站。无论是参加会议的同志，还是到她家暂住的过路客人，韩公超都热情接待。除安排食宿、照顾好生活之外，还要为他们保管些秘密文件和资料。她自己一忙起来，常常不能按时吃饭，还要提心吊胆。1947年11月，与郭海长联系的李铁林同志在漯河被捕入狱，与李铁林同时在开封被捕的还有《中国时报》的陈承铮。为避风头，郭海长要到武汉暂避一段。他临行前嘱咐韩公超：把一些重要的文件和资料马上处理掉，千万不能落入敌人手中。当时韩公超刚生下二儿子才三天，身体十分虚弱。可是情况紧急，丝毫不敢耽搁。她赶紧回家整理那些重要的文件。但由于家中的进步报刊太多，用火盆烧都来不及。也怕目标大引起别人的注意，她就同保姆一起，分批用洗衣盆浸泡、揉碎，然后在院子里挖坑埋入地下。时值初冬，冷水刺骨，保姆多次劝她不要干了，怕她落下"月子病"。可是为了地下党组织的安全，她硬是咬紧牙关克服困难，干了整整的一天一夜，终于把所有该销毁的文件和资料全都处理完毕。

教育战线育桃李

抗战胜利后，韩公超曾在陈端（时任河南省财政厅厅长的夫人）办的妇女工读学校里任校务长，主持日常工作。当时，妇女工读学校的老师里面有几个地下党员，韩公超与他们配合默契，培养了一批进步妇女。1947年，韩公超在西大街创办了"幼幼"幼稚园，这是开封第一所较正规的私立幼稚园。韩公超早年在开封学的是师范教育，她办幼儿园旨在强健儿童身体、启发幼儿心智、培养幼儿良好的生活规范。幼儿园的开办，不仅解决了《中国时报》职工子女的入托问题，还在报社经费缺乏的困难时期，将幼儿园存放的面粉拿出来一部分给报社救急。1948年10月，开封第二次解放后，她将幼儿园的一切财产交给了政府。这所幼儿园，后来随省政府迁到郑州，即现在的省实验幼儿园。

1951年，韩公超与工友郭秀亭白手起家，在开封市文庙街文庙遗址创办了"省立开封第三初级中学"，1953年改名为"省立开封第二初级中学"。后来地址搬迁到了学院门，改为开封市第七中学。据韩公超老人讲，创办之初，万事艰难。她与郭秀亭几经周折、多方奔走，最终拿到了政府审批的办学手续。二人明确了分工，韩公超负责招聘师资、培训教师、遴选教材、安排教学，郭秀亭主要负责后勤工作。当时条件十分艰苦，韩公超没有一句怨言，她用柔弱的肩膀，支撑着办学之初的艰苦重担。她经常身穿一身灰色的列宁服，风度典雅、领导有方，深得师生的爱戴和敬仰。1956年，她调到郑州第十八中任副校长，后来又曾在郑州第十四中学任副校长。她一直在郑州从事教育工作，在郑州第十四中学光荣离休。

和谐姓氏大户东冯封村

东冯封村人的热情好客,用宾至如归和流连忘返不为过分。因为这是众所周知和远近闻名的。在过去特殊的年代里,聚集了仅就男人来算的50多个姓氏。正如老人们留下的口头禅那样:七朱、八杨、五刘、四常。东冯封究竟有多少个姓氏,如非普查户口者,就是板着指头数几天,也难以算清。这些姓氏聚集的原因,只用几个小故事就足以说明——

姓氏融合乐陶陶

东冯封有五个大的街区,其中三个有着明显的姓氏聚居特征:一街冯,四街常,许家集中许庄上——但其中也有不少的其他姓氏。原因主要是——

慕名定居型。清朝末年,有一姓氏原居外乡。因是"小姓"而两代都受欺辱,常年不敢住在自家。所谓的"小姓",指的是抱养或是"拖油瓶"者及其后代。这户外乡者的孙辈成年之后性情刚强、不堪忍受,整天在外做小生意维持生计。偶尔回家,众家合起伙来寻衅上门,被打折胳膊后仓惶出逃,保住了性命。好长时间伤愈后都不敢回家,只好在东冯封租住做生意。东冯封人很同情他,经常给予生活上的帮助,精神上的抚慰。他的两辈老人感动了,以廉价变卖了家产,全家迁移到东冯封定居至今,已经繁衍生息了数代。

投亲靠友型。晚清时期,有一聂村女刚嫁到东冯封,父母害"大家病"双亡,丢下了年幼的孤儿无人照应,胞姐只好领养。他的胞姐觉得理亏,整天拼命劳作。公婆很是怜念,告诉她:别因为领养弟弟就得没命干活,要注意休息。老两口心好,视这位孤儿为己出。平时尽心照顾吃喝,过年还给做套新衣服。顺境好过,转眼间小孩儿长成了英俊青年。老两口张罗着说了门亲事。就在喜气洋洋地筹备迎娶新娘之际,这男子去拉过事垒灶台的土时,没留意被塄头上卧下去的土埋而丧生。老两口闻讯失声痛哭,老婆子一下子背住了气没有上来。可见情之真、义之切,感动得村人都落泪!

男上女家型。东冯封的上门女婿多，是因为东冯封人的厚道与友善。有的甚至接连三两代都是上门女婿。在旧社会里，乡间封建传统观念严重，倒插门者一般家境不好，很受歧视。但东冯封人的这种倾向不严重，所以上门女婿多，并留下了他们的后代。

流离乞讨收留型转化成了某家的子女、夫妻、弟兄等；而生意合伙移居型则变成了某户的邻居、亲戚等。再加上20世纪50年代国家组织的移民落户，都融入了东冯封人诚恳相待的环境之中，人们确实是宾至如归，留恋不返了。

正如前面说的"七朱八杨"那样：即使是同姓，许多也不同宗脉。例如：两家姓侯的，来自两个地方；十多家张姓的，却是各自的支脉；即使是姓冯，也有从博爱迁来的；赵姓原先也是来自不同的地方……如此这般时间长了，迁来的人数多了，就形成了如今的这个姓氏和谐的大家庭村庄。

其实，享受过东冯封热情待人者，我最具有说服力。

1962年到东冯封学校教书的我，还是个十八九岁的大姑娘，一直到1977年提干才不得不离开。在长达十五六年的岁月中，我结婚后有了孩子，东冯封人特别关照我。当时是计划经济，买布、糖、饼干等生活用品，必须在规定的时间内挨班儿、排队。村上妇女们都说"张老师忙，让她先买"；磨面要到大队面粉厂一个地方，所以总是磨面的人多，也得挨班儿排队，大家还是先让我磨面。平时孩子们有病，都是到村上卫生所去看，看病的人仍然多，大家又让我先给孩子看。当时，自来水还没有通到家里，吃水要到大街供自来水处去挑。经常闹水荒，水龙头出水如同一条线，接一担水就得好长时间。大家又说我忙，仍然先让给我接水……五十余载过去了，我心里总是念着东冯封人的好：到一切公众场合都不挨班儿，不知节约了我多少宝贵时间！当然，这部书主要是集萃历史故事的，我的体会仅只是现身说法、加以印证而已。

附　东冯封村百家姓　（相同姓氏不同宗者　亦有20余支脉）

许冯赵刘　陈朱吕侯　连常原魏　申毋乔高　石宋安王
郭左吴付　余司尹和　沈庞董耿　郝封顾丁　陶孔孟杨
孙李徐阎　邰廉田耿　于张　　　（50姓氏）

侠肝义胆张玉东
根据张本富提供素材整理撰文

中站区东冯封村张昺后裔张玉东,字序堂,人称"东翁先生",清代修职郎①。他生于清代道光十五年(1835年)六月十一日,卒于中华民国十年(1921年)1月3日,享年86岁。

张玉东系明代北平布政使(序正二品)张昺之后裔,祖籍山西凤台县胡儿岭。不知何故,先从祖籍迁徙博爱县西怕沟村,后又迁至新庄村,最后定居东冯封村。祖上三代谦恭礼让,人脉极广。曾祖父张永德,祖父张秉祯,父亲张秀生均是勤谨之辈。张玉东兄弟二人,他为兄长。

张玉东明理孝顺远近闻名。他自幼就很懂事,上孝父母、下携幼弟。后来,其父病逝,母亲悲伤过度哭瞎了眼睛。他只要在家,都要精心侍奉,饮食起居周到体贴,五十年如一日留下了美名。

他幼时聪敏好学,稍长因家贫辍学从商,尤喜开采煤炭矿业,积累了丰富的煤炭开采、煤矿管理经验。事业一路走高,他也因此而社会地位一路攀升。当时,黄河以北开采煤炭的小煤窑如雨后春笋,云集了业界名人王子万、靳香谷、毕明等精英。因其实在仗义,精英们都成了他的好朋友。尽管都是同行,但他很是乐意帮衬他们。春林、常口、许庄、老牛河等多处的煤窑,都依靠他的实力帮助经营。同行们感激的同时不禁赞叹:"如此高品位者,岂止只会开矿挖煤?实在是大材小用啊!"

侠肝义胆、广交朋友远近闻名。后来,东王封村同行靳法蕙在修武开的新矿一度资金拮据。张玉东把他的事情当成了自己的事,立马召集朋友商议相助。他除自己慷慨解囊之外,还跑到沁河南的朋友们那里求助。真是一呼百应,就在第三天头上,沁河南朋友的大马车、小推车一起出动,将木头、粮食等物资,送到了靳法蕙的新井处,使得靳法蕙的新矿得以出煤。靳法蕙也是位了不起的人物:除了开矿挖煤,还经营有多家商号。因感激张玉东的及时援助,提议两人合作办矿。据老人们回忆:东冯封村南的那座"凭心煤矿",就是他们友谊的结晶。这座煤矿开采了多年,直到"文化大革命"后才被废弃。难怪大家都说:"张玉东朋友遍天下:只要提起张玉东的名字,好朋友们都会诚挚热情帮助!"

张玉东热心公益事业。东冯封村民国年间建筑、修缮的老君庙、天齐庙和奶奶庙，他出资最多。

这么个能人，一直为少时家贫未能饱读诗书而遗憾。因此，把成才梦想寄托在了子孙身上，很重视对后辈的教育。

首先是编写教材（德育、思想教育册子）教育子孙。为了教育子孙，他多次遍访远近成功教育的人和事，回来后择优编辑成册，从而达到尊祖敬宗、言行规范、刻苦学习、立志成才之教育目的。

其次是不仅注重教育后代，还乐于造福乡里。这些事在他的《墓志铭》里虽然提及，但是具体年代已经淡忘在今人的记忆里。他注重对学子的教育，主要体现在两个方面：

一是舍得教育投资。他立志教育，多方协调、倡导，创办了"育英国民小学"。为了保证教育质量，他多方聘请名师，严格合理地设置课程，常住学校指导、监督师生的教与学，取得了显著的教育效果。

二是具有教育远见，多方协调往外输送学子。孩子们光在本村上学是不够的。为此，他多方联系阶段学业完成者、高材生继续学习的学校。不少人考到了开封、汲县等中学，常九儒等还考入了安阳第二高级中学，并积极从事革命活动，成了光荣的共产党人。由此可见张玉东的注重教育，其实是为新中国的建立做贡献。

还有一层因素：他的注重教育是为了淳风化俗。每每学子开学、放假，他都要"训话"，教育学子们要志向高远，努力学知识、长本领，不要沾染坏习惯，去掉浮躁之气，脚踏实地做人、做事，成就一番事业……他的心血没有白费：东冯封村英贤辈出：常九祥、常以学叔侄早就参加了革命，奋战到革命胜利、新中国成立。常九祥离休前任甘肃省永昌电厂党委副书记等职务。常以学进入抗大学习期满后，从事革命工作。新中国成立后，先后任焦作四中校长、焦作市教育局局长等职务。

张玉东好人缘，体现在他体恤村人。首先是热心公益，投资组织了多个文艺演出团体，让村人们在精神享受中移风易俗、净化心理。他很忙，但也很重视村上文、武故事（故事为方言，即演出节目、团队之意）的外界演出。每次全村出动"朝月山"，都请他坐在轿子里当"文官"。其次是扶危解困，慷慨解囊。有的弟兄争夺家产，他出资摆平……经他救助过的人不在少数。救助中的正面思想教育，令人心服口服和遵从照行。

人们说："张玉东的善举惊动了天地，赐福于他家。他家磨面时，神灵令狐仙往磨眼里不住地添加麦子，眼看着磨完了还在出面……"更多人说："由于他对人慷慨大方，所以他家添福增丁、人财两旺！"是啊，他家有八个院子，房屋九十多间；千亩良田打的粮食几辈子也吃不完！全家四十多口人，已经四世同堂……

这样一位侠肝义胆、仗义疏财的好人，在村人们的心目中威望自然极高。得知他西去的消息后，全村人痛哭，远近人祭奠，吊唁者不在少数！

在他逝后将近一年的岁尾（民国十年）腊月二十三日，其子将他葬入了祖坟（新庄）。纷飞的大雪，并未能够阻挡住送他安息的脚步。

注释

①修职郎：清代文散官，正八品，荣誉称号，没有实权。

四街常家与武虎

<small>根据许继胜素材、常和平口述整理撰文</small>

东冯封村的常家，也算是大户，主要聚居在四街。东冯封四街常氏，最早定居是在明代洪武年间。

据说：是始祖常汉携夫人武氏，自山西洪洞县迁徙到河南怀庆府河内县，颠沛流离、几经周折，最后才定居在了东冯封村。

常家武虎始于明代万历年间。常汉第九世裔孙常一显、一贵等，在演练自家武术时，为美化环境、愉悦心情，拿出自己的藤笼、床单布置场景，营造氛围，后来经过长期仔细观察，掌握了家猫腾、跳、扑、卧等习性与特征，并加以模仿，逐渐演练成了武虎动作，深为百姓喜闻乐见。

常家武虎延续到清朝光绪年间，常汉十六世裔孙恒禄的武虎表演已经出神入化，深为怀川民众喜爱。数百年薪火相传至今，已经传承了三十代。

常家武虎由武虎和仪仗两部分组成，遥相呼应，极具民间舞蹈醇厚热烈的特征。

它的表演形式有地虎和山虎两种套路，各具特色。地虎在仪仗、鞭炮声中登场，舞虎者模仿虎的扑、跳、腾、卧等动作，融入武功舞蹈之中，形成了一套完整的武虎套路。

山虎则是另一种表形形式：在仪仗声中由打虎将与一装扮成狗熊者先行入场，引虎跳出。虎威顿现，进退有序。熊有笨姿，虎有威风，武有勇猛。然后，将一名儿童融入表演，在场地中与虎周旋。经过一番虎熊表演，人与虎之间的搏斗，斗虎者最终取得了胜利，夺回了儿童。

此套武虎，虽然表演的是人与兽中之王的较量，但抒发了劳动人民不畏强暴、借物寄情的思想情怀，展示、表达了人是世间万物主宰的豪迈气概。通过武虎表演，东冯封人的聪明才智和追求卓越的崇高精神与境界，尽展其中，淋漓尽致。

改革开放的今天，常家武虎更加熠熠生辉、大放华彩：2014年已入选"国家非物质文化遗产名录"，并且，连年在"焦作市春节民间优秀文艺节目展演"中荣获大奖！

东冯封村常家武虎之所以数百年长盛不衰，是因舞虎人的顽强与坚持——看看第二十七代传承人常和平，就可尽知。

年逾花甲的常和平，曾是一位20世纪80年代的食管癌患者。为了挽救生命，他在1986年的一天之内就三处开刀，不仅缝合了五十多针，还截断了两根肋骨。放疗、化疗之后，他坚信自家的武术一定能够强身健体，让自己摆脱病魔，恢复健康。通过他的坚持练武表明：癌细胞经不住多年武术锻炼的折腾，早不知何时灭绝！现在的他看上去和健康人一样，除了嗓子有点儿沙哑之外，不看刀痕是不晓得他是个顽强地与癌症身经百战之人。多年来，常家武虎的具体事宜，全都是在他那里：收集整理有关资料，先后四次申报中站区、焦作市、河南省和国家非物质文化遗产成功，都倾注着他的心血。保管器械、传承精髓、组织演出等事无巨细，他全都统揽了下来……有人说："常和平为常家武虎奉献得最多；是癌细胞也害怕老虎的缘故，让他成了健康人！"常和平闻言笑着答道："传承常家武虎是我应为、乐为之事。我练武强身的事情说明：这种武术造福人类；要尽力让它发扬光大、健康传承，既利国、利民，更利于自己！我乐意当好这个接力棒，让常家武虎世代传承、后来者居上！"

朴实的话语，彰显着无私崇高的精神——是常家武虎健康传承的重要原因。

发表于《焦作晚报》2017年1月20日"人文山阳"版

赵士元的不敢试

清代出生的东冯封村一街人赵世元，生逢世乱且家境贫寒，平生经历了惊心动魄的两次危险。但他吉人自有天相，均已逢凶化吉、遇难呈祥，被传为佳话。

一是从矿井底部升井时，因时间紧张，跑到井底就赶快抓住拴着大篓的棕绳。腿还没有跳进篓里，井口升井的铃声就已响起。他慌忙后退，意欲下次再上，哪知，他右手的大拇指被松懈棕绳的一个空隙挤住，绳提升后拉直，把他的拇指死死地"咬"住——全身的重量全都"系"在了这根拇指之上，真是千钧一发！紧急关头，他的求生欲望燃烧，俩眼都红了！想要迈进篓里已不可能，拇指被挤吊得生疼不说，随时都有指断掉下去的可能！他急中生智，另一只手牢牢地抓住棕绳，想用力把两条腿摽在棕绳上。但是，棕绳毕竟是软的，来回晃动得厉害，怎么也摽不住。就这样担惊受怕地从几百米深的井下，吊着一根指头升到了井口，腿也没能够摽住棕绳。他只顾着害怕了，竟忘了手指的疼痛。等到提升的棕绳松弛了下来，他抽出拇指来看时：哇，拇指被拉得老长！虽然疼了好长时间，但毕竟骨头完好！事后，他与工友们开玩笑说："哪位胆大，也来试试？"众人摇头回绝，都伸出大拇指夸他命大！

二是被枪子弹射中身侧，穿破衣服后扎进了肋间缝里，却没有再往里进。虽然很疼，但却没有大碍。他咬紧牙关拔下子弹扔掉，捂住出血的伤口躺到了垏头之下，躲过了一劫……

他的这两次化险为夷，不能不说是奇迹！虽未危及性命，但谁也不敢再尝试。

这位赵老先生虽然谢世多年，但这令人啼笑皆非的辛酸往事，却仍是村人闲聊时的谈话资料。

西冯封村人文传说故事

全能巧人刘恩涛

根据韩善佑　刘建贞　刘太华口述整理

在中站区西冯封村，至今仍口碑相传着全能巧人刘恩涛德艺双馨的故事。

刘恩涛（1900～1976年），字仲波，幼时读过私塾，稍长跟巧父及名匠学习纸扎，并在多方面都造诣匪浅，为宣传新中国做了大量的工作。

新中国成立初期穷苦人受苦难久了，过新年要释放一下当家做主人的激越情怀，营造欢悦氛围，在村里主街口用柏枝搭彩门，上贴"欢度春节""毛主席万岁"等喜语；村上传统民间节目多，编扎"旱船""小毛驴"等是他的拿手好戏。他多才多艺，八音会的演出团队里，有着他的悠扬的笛箫之声……

他爱国爱民、紧跟形势。抗美援朝开始，他扎的杜鲁门、艾森豪威尔腆着大肚子、戴着高帽的纸人游展时，观众捧腹大笑！夸赞不尽他的创意新和手巧！紧接着，他又扎了个长长的"火车"往援朝战场运送"飞机大炮"，时人称奇叫绝！

他的拿手绝活多、不保守。西冯封村过年舞狮子滚的"绣球"，是他将24个竹篾圆环对成的主体。如今年近八十岁的刘太华，就是这个绝活的传人。

如此的能人却徒弟不多，主要是学活者不愿像他那样贴功夫、赔东西还点灯熬夜不赚钱，大多只是尽义务，不发家。做纸扎很是辛苦，经常熬夜。他积累了许多的趣味数学题，是义务的数学老师。为了让徒弟们动脑筋思考不瞌睡，他会常出一些脑筋急转弯的趣味数学题。例如：院里一丛竹子，飞来一群麻雀。每只落一竹，一只没处落；每竹落两只，空了一根竹。求竹几鸟几？作为大弟子的刘太华，苦思冥想了半个多月，才想到应该是三根竹竿、四只麻雀。还有一题看来更是简单，其实却融汇了盈亏类型的算理：你我二人去赶会，带着小钱买东西。结果钱少买不起，互相拆借是难题：如你借我小钱一，我钱比你多一倍；要是我借给你一，一般多钱买不起。那个时候人穷、上不起学，普遍文化程度不高。学生想了多日不解，他才笑着拿出棋子来演示出了答案。哇，原来这么简单：答案竟是一和三！诸如鸡兔同笼、龟兔赛跑之类的算题，都是他教会学生的。

他和善厚道，谁家有事随叫随到。白事全套纸扎的狮子、大马、童男女、金银山、摇钱树、聚宝盆等，在他的手下活灵活现、惟妙惟肖。他心肠热、脾气好、不端架子，教人干活百般耐心，有问必答。我也爱做纸花，曾跟他学会了工艺复杂的扎荷花、筒子菊等。我家远在他家东四五里处。祖母1966年3月去世时，他每日步行往返干了十多天，临走时因穷只给了他两元钱取个"吉利"。他不嫌少，笑着说："可不少，大家都没有办法！"

他常以"莫以善小而不为，莫以恶微而为之"勉励自己，尽力方便用户。熬桐油、上大漆样样精通，为娶媳妇、嫁闺女者油漆嫁妆、干喜活无计其数。他干活实在、细致、讲究，不管主家穷富、生活好坏，活都是一样要干好的，穷人家最为感激他！

他擅长泥塑、漂画、修补神佛像，远近寺庙常有人请他。本村佛爷庙、柏山村等远近庙宇，都有他的杰作！

他擅长灯谜。过年拿出好多谜语供大家开心竞猜："猪高老要失女心烦意燥，骑快马泪两行到处寻找；闺门女出了门找寸修好，木遇寸结良缘八戒哭了。"谜底：西冯封村。谁家生意开张，扎个大花篮放在门首，谜语很有情趣："一字上有牛，立曰在心头，西下有一女，女子好风流。"谜底：生意要好。学习王杰的字谜是："小竖左右点，点横拐下子，二字中间十，木上下五点。"

尽管他心灵手巧，但却并不为家里增添多少收入——多半尽的是义务工。他为了贴补家用，不断外出打工。一年在博爱县聂村看护停工了的瓦窑，闲来无事，趁着窑场的陶土捏起了屋脊上用的龙虎兽头。这家瓦窑本来是烧砖瓦的。看到他捏的龙虎兽头那么好，又开窑后就放了进去，烧出来很有灵气。于是，愿出高薪请他留下。但因不时有人请他纸扎，教会人家捏兽头后他就辞职了。

他奉献多、威信高，加上辈分长，全村人有难心事都找他"老二爷"：筛子、苇席破了找他给修补得完好如初；母鸡误食了咸菜、农药找他"开刀"，存活了继续下蛋。1942年家乡连年蝗旱灾害，他们逃荒要饭到山西张店，暂宿在村外破庙里。他要为黎明分娩的妻子接生却没有剪刀，摸黑到路上捡了个破碗，摔碎、雪水洗净后当剪刀为妻子接生……

这样一位能工巧匠，给别的故人做了大半辈子的随葬品，但在其故去的1976年，因将民间工艺的纸扎列入了"四旧"黑名单，所以，为故人送葬只限于花圈，顶多灵前再放上两盆儿纸花——他也没能例外。如果社会正常的话，他的徒弟刘太华，定会拿出在他那里学到的精湛手艺，为其扎出很多精美的纸扎：一是送师傅驾鹤西去；二是展示这门兴盛于民间的手工艺品，让奔丧、凭吊者也一饱眼福！

尽管，当时没有吹鼓手，也没有足够的随葬品，但是，葬礼却非常隆重：全村人聚集灵棚内外、大街上，都要最后送送这位德艺双馨的全能好人——"老二爷"！他的手巧、心热、急人所难，已经驻留在了人们的心中！所以，四十年来，人们仍在口碑相传着他数不清的好事、趣事。

奉直大夫刘以实

根据刘建贞口述及《西冯封刘氏族谱·名人传略》整理撰文

刘以实这个名字，是因他在浙江、湖北两省任职期间勤政廉洁、贡献卓著，清帝亲赐名以实，褒扬其以实心、行实政之高风亮节。

刘以实原名刘成章，字达甫，号锦堂，清怀庆府河内县西冯封村人。乾隆十九年（1754年）六月十五日生，道光十一年（1831年）七月二十四日卒，享年七十八岁。

刘以实虽自幼颖悟好学，但因家贫读不起书，只好寄读于舅父家。弱冠①入郡庠②。35岁中乾隆戊申科（1788年）河南第三十三名举人。嘉庆六年（1801年）大挑一等③，署武昌、汉阳两府通判④。

嘉庆甲子（1804年）科任同考文武试官⑤。历署湖北省罗田、嘉鱼、通城、利川、来凤等县事，后任黄安县（今红安县）知县。他在嘉鱼县任上时，有两家为争地基打官司。为了打赢官司，双方私下里各许五百金。他非但不受，还当堂揭穿，并且因行贿不予判决，责令当事双方回去和解。他们都感激大老爷廉洁公正，自觉撤诉、和解、握手言欢。他在嘉鱼县官声极佳，百姓称颂道："镗镗七声锣，抬出个刘弥陀。"百姓们还踊跃集资，为其修建了长生禄位祠。

他从利川县调任，交接完手续后，先卸任回府等候通知。时不多日，恩施县的一桩诉讼案子闹到了府衙，知府就委其办理。他接手该案后重新勘察、核实卷宗，觉得事出蹊跷。案由是当地一民拿着一根骨头到县衙告状，说是江西商人刨了他家的祖坟，县衙拘捕了这位商人。这商人差人到府衙喊冤。说是祖坟，肯定墓冢不少。刘以实派人深入现场搜寻，再无找到第二根骨头。案情真相大白：原来是桩敲诈案。江西商人无罪获释；恩施知县罚俸遭遣。

他在宣平县（今武义县）时爱文重士，不但关心课业，还拨给足够廪馔膏火银两，以确保公费生的正常学习。他还亲到书院课艺评定，并令诸生侍坐论文，疑难之处亲为讲授，士林甚为感激。

嘉庆二十五年（1820年），宣平县先旱后涝，农田多被淹没，民不聊生。他摸清详情之后，据实请求赈济。批复后共计发放救济粮2480多石、救灾款银百余两，救百姓于水火，稳定了社会秩序。此事民国年间《宣平县志》有所记载。

早在嘉庆十五年（1818年），他曾署浙江省富阳县事，后担任宣平县知县一职。

道光五年（1825年），他以七十二岁高龄辞尊居卑，返回河南省任鹿邑县教谕⑥。直至道光十一年（1831年），殚精竭虑、油尽灯枯于任上。他逝世后，朝廷感其为官清廉，政绩卓著及深受百姓爱戴，赠奉直大夫⑦。

刘以实生平事迹，镌刻于其墓前石碑之上⑧。

注释

① 弱冠：古代男子二十岁行冠礼，因未到壮年而称作弱冠。弱冠后世泛指二十岁左右的年纪。

② 郡庠：郡：古代行政区划，比县小，秦汉后比县大；庠：古代乡学，泛指学校。郡庠：科举时代称府学为郡庠，此即怀庆府的学校。

③ 大挑一等：大挑是清朝乾隆年间制定的一种科考制度，即让已有举人身份，在国家级的会试中屡考不中、未有官职者有晋身机会。大挑一等作为地方知县候补试用；二等则作为各级各类学校教职员的任用。

④ 武昌、汉阳两府通判：武昌、汉阳两府隔长江相望。通判：古官名，在知府下，掌管粮运、家田、水利和诉讼等事项，是兼行政与监察于一身的中央管辖官吏。

⑤ 同考文武试官：明清乡试、会试中，协同主考或总裁阅卷之官。因在闱中各居一房，简称房官。考生试卷由房官先阅，加批荐后给主考或是总裁。科举考试亦设文科、武科。同考文武试官，是明清时期文、武考的试乡试、会试中，协助主考或总裁阅卷的官职。此官的任职者，要博学多才、阅历丰富。

⑥ 教谕：学官名。宋代在京师设立的小学和武学中置教谕。元、明、清三代县学也置教谕，掌文庙祭祀，教育所属生员。

⑦ 奉直大夫：散官名。所谓散官，指的是不在正式官职品阶内的官职。宋代，为文臣寄禄官。大观二年(公元1108年)，以右朝议大夫改称。金、元、明、清各代为文散官。金代，为四十二阶之第二十九阶，从六品上。元代升秩从五品，宣授。明代，为四十二阶之第一十六阶，从五品，升授。清代，为十六阶之第十阶，从五品。

⑧ 刘以实碑文大意:"公原名成章,因嘉庆十八年(1813年)猾匪中有与公同名,蒙皇上钦赐改名'以实'。皇上彼时因贼匪突进宫闱,降旨斥责大小臣工,皆不能以实心行实政,故钦改此名。"嘉庆十八年九月,嘉庆帝去木兰围场秋猎。九月十五日,天理教信徒趁机攻入紫禁城,但因力量悬殊而被清军击败。"公之质鲁,公之心诚,公之用功实纯。童稚时,好读书,家虽贫,亦手不释卷。于弱冠,入郡庠(府学)。"

据碑文可知,刘以实生于乾隆十九年(1754年),乾隆五十三年(1788年)中举人,"时公年三十五岁"。乾隆五十四年《怀庆府志·选举志》戊申科条下记载:"刘成章,怀庆府人。在浙江、湖北就职,先后任罗田、嘉鱼、通城、利川、来凤、黄安、富阳和富平等县事。任武昌、汉阳两府通判。"

五品蓝翎刘葆真

根据刘建贞口述、《西冯封刘氏族谱名人传略》整理　撰文

刘葆真,字静波,生于清光绪三年(1877年),卒于民国八年(1919年)。英年早逝,四十二岁就谢幕精彩壮丽的人生舞台。

刘葆真自幼聪颖,理想远大,志在报国。清朝末年废科举、兴学堂之际,他赴开封应试,以优异成绩被清廷与日本合办的体育学堂录取。毕业后又被选入京畿会试。因才情横溢深得主考赏识,朝廷破格钦授五品蓝翎顶戴。衣锦还乡后修坟祭祖,府、县官员陪同,骑马披红挂花夸官三日,那份荣耀轰动了整个怀庆府!

光绪二十九年(1903年),刘葆真奉旨赴洛创办体育学堂。他殚精竭虑,并亲任教官,学校办得远近闻名,慕名就读的热血青年日众。但由于治校辛劳、忘我工作,不幸心疾突发阖然与世长辞,走完了光辉灿烂的短暂人生之路。不惑之年瞬间陨逝,于国于家都造成了不可挽回的缺憾——后人仍惋惜至今。

刘葆真逝世时,他的儿子才十二岁,只晓得父亲了不起,但却不知父亲究竟做了哪些事情。

他的妻子接受不了残酷的事实,悲痛欲绝。但看到儿子尚幼,离不开照顾,于是擦干眼泪,收好丈夫的顶戴、蓝翎羽毛,刚强地将儿子抚养成人、娶妻生子。她的孙子现已七十八岁!

据其孙子刘太华回忆:新中国成立初期,因为家里成分高,祖母从来都不与子孙们多讲这些事情。直到有一天,公安局找到门上,收取顶戴、蓝翎羽毛

时，才较多地知晓了此事。

注释

①五品蓝翎：在清代，官职分为九品十八级，每品皆分正、副，即正与从。蓝翎是六品以下官职。是在皇宫、王府当差的侍卫官员的冠带。五品以上是花翎。侍郎通常是正三品。所以，五品蓝翎这个官衔，相当于五品侍郎之官爵。至于蓝翎，主要是蓝孔雀的翎毛，配之以宝石等饰品的冠戴。

西冯封刘氏溯源

根据《西冯封刘氏族谱》记载及族人口述撰文

在西冯封刘家坟里，引人瞩目的是"貤赠文林郎刘十四公墓"。

貤音 yí。貤赠：谓将本身和妻室封诰呈请朝廷移赠给先人。

文林郎：非正式的九品十八级职官，清朝时为正七品文官所授的散官名。散官用来定级别。因明清时知县均为正七品，所以相当于正七品。

刘十四公：指的是博爱县上庄刘姓四世二十八兄弟中的第十四位，名许。

据《西冯封刘氏族谱》"续修刘氏族谱序"记载——

始祖讳成，字纯淑，原籍山西汾州府介休县人。明洪武十七年（1384年），奉命由洪洞县老槐树下，迁至河南怀庆府河内县（今博爱县）上庄村定居。始祖子三，设四门，即东、西、南三门，北门虚设。三世祖十六人，四世祖二十八人，十四公讳许。约在明代成化年间（1465～1487年），因与村上秦姓不睦，殴伤一秦氏毙命。有行三讳亮者，毅然承责投官自首（后幸获释）。父母让其兄弟十九人分路逃生。十四公讳许到西冯封村定居，是为此村始祖也……吾祖虽起于上庄，实派衍于洪洞，迄今已历有年六百余载矣。传至十二世，有光宗者号午丙，于清雍正十一年（1733年）始创族谱之后，又曾多次续修。但因风云变幻，幸存清光绪十六年及民国六年残谱两帙，为此次修谱凭据。

此《刘氏族谱》的修续时间是1993年12月25日。

综上所述可见：西冯封村刘氏一脉迁徙辗转，落足定居西冯封村约有五百年的历史。

人民功臣刘务祥
根据刘务祥1992年口述及刘观臣素材整理撰文

已届93岁高龄的人民功臣刘务祥，1922年出生在西冯封村一个贫苦农民家里。当地解放前，由于日伪的残酷剥削和严重的自然灾害，父亲冻饿而死。兄长被拉了壮丁，三弟被迫卖给了别人。他逃荒要饭，死里逃生才保住了性命。

1945年焦作解放，结束了穷苦百姓的苦难日子。他积极参加轰轰烈烈的清奸反霸、斗地主、分田地的斗争，还积极报名当了民兵。1946年10月，我党我军作战略性转移。民兵备战上山后，他由博爱县区干队转入正规军太行四十六团。由于立场坚定、作战勇敢，1948年元月在博爱县小梁庄村，经孔庆文介绍，加入了中国共产党。1950年，他参加了抗美援朝战争。在第三次战役中，他和一战友俘虏美国兵八人。焦作矿区人民政府授予他"人民功臣"匾额一面。1952年夏复原回原籍。1961年以后，曾担任西冯封村党支部副书记职务。

早在1946年下半年，蒋介石背信弃义，撕毁停战协议，派重兵大举进攻解放区。10月12日，国民党反动派悍然侵占了我军从日寇手中夺回的焦作矿区。根据上级的战略部署，我们焦作的党政领导机关，带领部分干部、群众，备战上了太行山，对敌人展开游击战争。刘务祥和本村民兵都转移上了山，驻六堆峪村。10月17日拂晓，敌人进攻焦作人民政府驻地十二会村。东冯封村民兵刘适钧叛变投敌，在西张庄村枪杀了我二区武委会主任壕先珠、西冯封村农会主席刘秉礼。为此，中共焦作市委决定：凡上山民兵，均集中到山西省凤凰窑（今陵川县夺火村东）整训。之后，刘务祥被编入博爱县第二区干队（后改为区武工队）。在朱队长、班长许发贵的带领下，神出鬼没地打击、钳制敌人，以配合正规军作战。当时，区干队驻东西张庄、六堆峪村，有时奔袭博爱柏山村东山上的小顶庙。一次，西冯封村民兵刘作良在作战中牺牲。有时，他们晚上急行军，到二十多里外的武陟县宁郭敌据点，激战后速返山上驻地。此外，还到小贾岭、刘庄村执勤站岗，保卫人民，时刻打击敌人。

后来，为了集中战斗力，由各区百余名民兵组成了焦作独立营。随着全国由防御转入反攻的大好形势，根据上级战略部署，又由焦作、修武、获嘉、武陟独立营和部分公安队伍，在博爱县贵屯村组成了太行四十六团。为早日收复焦作，驻地由山上搬到了平原，驻杨邑、杨庄、宁郭、贵屯、尚屯、期城一带村庄。

1948年小麦抽穗时节，在奔袭敌据点靳作村的战斗中，卢连长牺牲，机枪手刘静信挂了花。刘务祥在战斗中机智勇敢，表现出色，战后被评为一等功。太行第四军区还为他编印了一本小册子，宣传表扬他的英勇事迹。

1949年新乡解放前夕，四十六团升编为华北独七旅。5月5日新乡解放后，刘务祥被编入警备三团，先后驻新乡市和获嘉县亢村。之后，他到达天津，被编入华北二十兵团六十六军一九七师五八九团，在团部后勤处任炊事班长。

1950年，美帝入侵朝鲜。11月，刘务祥随第一批中国人民志愿军跨过鸭绿江，开赴朝鲜战场，投身到了抗美援朝战争之中，参加过朝鲜五次战役的前四次。

在朝期间，他是团党委委员。每次战前党委所作的决议，他都带头执行；每次战斗，他都勇敢、出色地完成了任务。

1950年12月31日深夜天寒地冻，我军乘敌不备插入敌军心脏。酣睡中被惊醒的敌人先是惊恐万状，紧接着纷纷逃窜到山沟、树林中。次日凌晨（1951年元旦）我军搜山，刘务祥和战友们冒着生命危险，用步枪和手榴弹迫使出逃的八个美国兵缴械投降，乖乖地当了俘虏。

在清川江第二次战役中，敌军驻介城。刘务祥所在的五八九团轰炸桥梁，切断了敌人的后退之路，并将其全歼。1951年春节之后，他参加了汉城东南的第四次战役，与战友一道，全歼了驻横城之敌，缴获敌汽车百余辆。

第四次战役结束后，他于1951年春从朝鲜凯旋。在天津休整时，他被评了两个一等功。焦作矿区人民政府授予他"人民功臣"匾额一面，悬挂在大门上方。

刘务祥的崇高荣誉，是用鲜血和生命换来的。他是中华民族的英雄，是人民的功臣！

德高望重刘观臣

根据刘观臣著《宾卿诗文选》及刘定国核实整理

臣省市史志名胜百事通人物刘观臣，字宾卿，是河南省及焦作市德高望重的史志、地名研究、名胜古迹探寻等多个领域的百事通人物，以专家、学者、老前辈称之恰如其分。他为传承国粹不遗余力，无私奉献聪明才智。以极大的热忱、渊博的学识，为文化强国贡献心智，领导赞许，百姓敬佩。又因诲人不倦、平易慈祥，被人们尊称为先生（下文称先生）。

1919年4月22日（农历3月26日），先生在焦作市西冯封村一户书香门第出生。他自幼聪颖好学，在家庭文化熏陶中，蒙学功底日渐扎实。稍长师从爱国教育家许邦彦老先生，学业有成。后考入焦作明八书舍（国学），1937年以优异成绩毕业，遂为人师。

先生是老革命，是共和国的功臣。1945年5月，先生在国家危难中投身革命，奋勇抗击日寇。解放战争中的1947年初，革命形势极端严峻，物资极其紧缺。先生慷慨解囊，为我军捐赠价值五十元现大洋的金箍，缓解了部队经费的燃眉之急，部队为此曾记二等功。

无独有偶，先生立功受奖、无私捐赠载入史册的还有：河南省档案馆工作人员、先生一位战友之子，发现了档案馆中辑录存档的《人民日报》1947年4月7日载："……在游击战争中，陈五平、杜更朝、许先洲、刘观臣等四同志因立功得奖金二千四百元，全部支援了前线……"

1947年夏秋季节，先生随焦作市人民政府驻太行山区十二会村。被斗争的地主为泄愤下山到白区告密，招引匪徒突袭市政府驻地。在敌我双方激战中先生负伤，但不顾疼痛仍顽强与敌人周旋，终于转危突围。

1949年后，先生又历任平原省新乡专署办公室秘书、水利局及黄河治理办公室秘书、专署供销社科长等职务。后又奉调到河南省轮胎厂办公室，先后任科长、副主任等职务。先生干一行爱一行，政绩显著，因此领导重视，群众敬仰。

先生一生对党忠诚，年届花甲六十岁时的1979年，终于如愿以偿，光荣地加入了中国共产党。

1980年离休后，先生享受县级干部待遇，晚年为副市级医疗待遇。

先生有几段往事,至今仍被传颂。

先生至孝乡里皆知。其在新乡任职时的一个隆冬,突然收到"母病速归"加急电报,心急如焚。但日仅一班的列车已发,汽车也因冰雪封路而停运。思母心切令他毅然回返,顶风冒雪、艰难跋涉十九个小时后,终于含泪跪倒在了母亲病榻之前……

先生勤正廉洁,严以律己。在新乡专署任职期间,用以接待的烟酒由其管理,但从不私用。公署里信封、信纸等办公用品俱全,但他写家书时却要掏钱外出自买。

先生从教多年,因教育有方而桃李满天下:其弟子中任职县处级干部者甚多。

先生传承书香家风,教育孩子有方,后代居上美誉乡里:三子中教授二人,孙子三人中博士两位,唯一的孙女是医学硕士、主治医师、焦作市科技拔尖人才。

先生乐于无私奉献,除正常工作之外,长期兼任焦作市地方史志编撰委员会委员、市地名办顾问。对史志、地名、名胜古迹探寻研究造诣颇深,精通当地人文历史,是省市史志的百事通智慧库。先生离休后又被市委、市政府聘为焦作市地方史志编委委员,并被聘为风景办、地名办、党史办、图书馆、博物馆、文化馆、文物队等多家单位的顾问。他除了不遗余力地探究地方史志大量记载之外,还多次实地寻访民国时期的国民党省党部抗日先驱韩立纶先生,当年在太行腹地的葫芦寺内所设的军火库。虽已年逾古稀,但还自告奋勇当向导,带领中站区政协有关人员,探寻张盘沟的摩崖石刻。张盘沟是个古山村,地处太行深山区,是先生最钟情的地方:抗日战争时期,其师许邦彦为避日寇差使,带领爱徒们迁移张盘沟村讲学。至于茱萸岭和百家岩,先生道来如数家珍,被旅游界尊称为世界地质公园云台山景区开放的"伯乐""先驱"。

先生情系大好河山,不顾年老体弱应邀考察、论证河南省的王屋山、五龙口、神农山、青天河等景观,为焦作旅游资源的早期开发,奠定了坚实的基础,立下了不朽的功勋。因此,他曾获得河南省地名词典编委会、省地名办、省地方史志等多家颁发的先进工作者荣誉证书等。

先生著作颇丰:主编并撰文出版了《耿介斋逸诗初编》《耿介斋逸文初编》。与人合编、撰文出版了《太行秋秀》《善居堂逸文集》,其中多篇作品遍地开花:被《人民日报》《平原日报》《大公报》《焦作日报》《黄河建设》《河南供销合作》《焦作诗词》《焦作文学》《焦作市志》《焦作文史资料》《山阳墨萃》

《中华诗魂》《中国当代诗词选》等多家刊发，转载。《宾卿诗文选》是他2001年出版的一部诗文作品集。因欲觅此书者甚多，2005年再版。

先生酷爱书法，功底深厚。在焦作市领导干部书法大赛及省委《党的生活》"省第六届党刊阅读竞赛"书法项中，获得二等奖。

先生离休后发挥余热积极工作，因此多次受到市委、市政府表彰：获"焦作市离退休干部先进个人""老有所为"等荣誉证书，还被河南轮胎厂评为"优秀共产党员"，殊荣诸多。

先生功业千秋，虽2007年12月25日驾鹤西去，但青史留名：《刘观臣传略》辑入《中华诗词学会人名辞典》《焦作市文艺家名鉴》，并转载于1997年8月中国国际广播出版社出版的《中国当代艺术界名人录》第284页。

刘氏墓地三植绿

焦作市中站区的西冯封村，有过三次大规模墓地植绿的美好景象，至今仍驻留在人们的记忆之中。这话还得从头说起——

西冯封村刘姓，自上庄刘四世第十四公许定居至今，已有五百余春秋、二十四代。西冯封刘姓始祖许逝后，葬于村北约二里处。之后子孙全葬于此，逐渐形成了数十亩的大坟。刘姓后世孝顺，多番尽力为先人营造绿色肃穆安息氛围。首次植绿，有始祖成之清咸丰十年立墓碑为证：清代康熙四十四年（1705年），刘氏清明节前夕倡议，在坟内广植侧柏，之后持续补栽。经过二百三十余载的不懈努力，到1937年抗战全面爆发前，墓园内的柏林已具规模，近六千株柏树碧波荡漾，郁郁葱葱，蔚为壮观！惋惜的是这道靓丽的风景线两度遭劫：抗日战争中砍伐；等到树桩、树根重新发芽，抽枝长成树木的五十年代再次遭劫！可怜森森柏林，在人们的极度心痛中毁灭！

西冯封的再次植绿换作了桃树果林，三年后就开花结果。仲春繁花似锦，夏秋硕果累累。成了游人观赏、文人写生、族人消遣的好去处，被美誉为"世外桃源"！哎，可惜再次灭绝：一说是"文化大革命"中被戕；年届八秩的刘树兴老夫妇记忆是自然死亡的。

十一届三中全会的春风，吹暖了西冯封村人的心扉。刘家坟遍植小杂果树山楂，并派专人管理。后来山楂喜获丰收，但因销路不畅刺伤了植者之心。从此，山楂林逐渐在视野中消失！

西冯封刘家坟大规模的三次植绿均皆成功，但后又毁坏。悲哉、惜哉！不过，从植绿中体现了西冯封人热爱生活、敬奉祖宗、坚韧顽强的中华民族美德！

几年之前，为节约有效土地和殡葬改革，村后二里处的刘家坟整体搬迁于不远处的太行南麓山中。但西冯封人仍保持着美化绿化祖国河山、虔诚祭祀祖宗、清明节顽强植绿的美德，大部分墓冢前后、两侧和周边，都栽种了侧柏。相信不远的将来，侧柏林定会枝繁叶茂、郁郁葱葱。

造店回民兄弟有趣传说

造店朱村情谊深

漫长的历史岁月见证,造店与北朱村情谊深厚。这两座村庄,皆坐落在焦作市中站区南隅。造店与朱村不仅离得近,而且自古以来关系融洽。

造店是个回民聚居的大村落,喜吃羊肉,有着养羊的习惯。然而,周边的村庄养羊者却不多。所以,有关与羊的纠纷,多牵扯造店。

有一年,邻村有人起诉造店的养羊户。于是,造店人请人写了答辩状:"实冬腊月,地冻如铁,(俺的羊)啃不住您的麦。"衙门将此答辩送达。起诉人又请人写状再告:"(你的羊)前腿弓,后腿蹬,一啃一股棕(俚语股棕,指的是一大把粗)。"

造店人很是奇怪:"这人写状善用诗句,是谁?"后经打听,原来诉、辩两家的状子竟是一人所为!造店人那个恼怒啊:哪能够两边捣鬼?灭了他!写状人害怕极了!惊慌失措得连夜跑到北朱村亲戚家避祸。亲戚听了事情的原委,首先批评了他的"挑事儿""不地道",其次是要赶他出门。恰巧,写状人的儿子也避祸至此,央求亲戚道:"北朱村和造店是友谊村,开玩笑就能够解决大问题。何不试试?"北朱村人认为写状人理亏,执意不肯。正在僵持,只听得门外高一声、低一声地嚷嚷。看来,已经找到了门上,一定不会善罢甘休!北朱村人灵机一动,搬了把椅子出门,笑着大声说:"孩儿们,咋啦?您姑在家呢!这不,叫她搬把椅子接您!"一边说着,一边就把那位嚷得最凶的给拉到了椅子上坐下。造店人已经上了火,哪里还能忍得下去?北朱村人又笑着按他坐下:"听话!这深更半夜的,邻居们不知道俺咋惹您了?这样:给个脸面,消消火气!走,炒有素菜,来喝两盅!"说着,就拉起椅子上的那位进了门:"快出来,你的一大帮亲人们都来了!哈哈哈哈……"屋里人不知情由,慌忙出门迎接:"真的?咋啦?快进来!"看到屋里人满脸惊奇的热情劲儿,这帮人忍俊不禁地笑了!一场剑拔弩张的恶战,就这样轻易地化解了!

在如今这个和谐社会里，造店回民兄弟和北朱村人凭着历史的友谊，继续谱写着民族和美融洽的团结篇章。

马自立新闻故事
——用爱点亮心里的灯
根据中国文明网文明论坛杨重庆素材整理撰文

马自立是焦作市特殊教育学校盲人教师。他自1992年投身盲人教育事业以来，怀着满腔的执着与深情，从一位双目失明的回族年轻小伙子，逐渐成长为焦作市盲人教育科研的领军人物，创造了生命价值的奇迹！

然而，他的自我评价朴实而又生动："我是一个盲人，就做本分的事，特别是对待'盲人'事业！要让我们的盲人团队，为社会上更多的人服务……"现在，还是让我们把话从头说起吧——

先天失明 失去父母 逆境中拼搏

1972年，马自立出生在焦作市造店村。与生俱来的诸多不幸，使他遭受了许多的灾难：早在他出生前的18天，生父突然病故；出生不到8个月，生母得知他是先天性失明后，竟然狠心地弃他而去。从此，襁褓中的他就成了无亲无故的孤儿。后来，在亲朋好友的资助抚养下长大。小时候的经历，造就了他独立的个性：从懂事时起，他就下决心要做一个生活的强者。为此，他做出了不懈的努力。

马自立自幼聪敏好学，酷爱收听广播。七八岁时，就能把从广播里听来的整部《岳飞传》，活灵活现、惟妙惟肖地讲给别人听。

1984年，他考入郑州盲聋哑学校读书。由于刻苦勤奋，成绩优异得遥遥领先。但在生活上，一是他家境窘迫；二是学校无清真食堂，为了填饱肚子，他只能整日以馒头蘸酱油充饥。

在郑州、洛阳求学期间，为了获取更多的知识，他从很有限的生活费里抠出钱来，请别人帮他读书。听着听着，他就翻译、整理出了数百万字的盲人读书笔记。

他文笔极佳，1988年获得"全国共架新桥"中学生作文竞赛一等奖！

1989年，他以全省第一名的优异成绩，考入河南省盲人按摩学院深造，师从郁国民、杨永谦等全国著名按摩专家学习按摩。

潜心学习盲人按摩，是他在逆境中的拼搏。他决心学精学好，为的是能够独立生活、自食其力，为社会做出应有的贡献。真是功夫不负有心人：他掌握了丰富的知识、过硬的按摩专业技能，得到了社会和学校的认可。他深知自己学习按摩的艰辛与不易，想到了更多如自己一样的盲人、残疾人。于是，他决定用自己所学的技能，帮助更多需要的人。1992年，20岁的马自立从河南省按摩学校毕业后，分配到了焦作市特殊教育学校。至今，已从事盲人教育工作20多个春秋。

起步维艰 独辟蹊径 做光明使者

马自立怀着好不容易就业的兴奋心情，到焦作市特殊学校报到，准备大干一场。但是，情况并非如其想象的那么顺利：学校要筹备一年后才能够招收盲生入校，一切都得从头做起。盲生教师就他一位，招来盲生后教师是远不够的；当时还没有盲文教材，招来的盲生如何才能留得住、学得好？一个个的问题困扰着他。

但是，他有志气，不服输，决心干出个样子来，不辜负恩师所教与自己所学。事不宜迟，说干就干。他不怕盛夏酷暑，在学校的大力支持下，白天培训盲班教师，晚上编写教材。尽管那时候他还很差钱，但还是慨然拿出几年来积攒的650元，购买了图书与资料。他请同事将汉文教研资料录在磁带上，他再记录成盲文。

真是"万事俱备，只欠东风"，9月中旬开学后盲班开始招生，竟然只有3名盲童。为了争取更多的盲童入学，他在同事们的陪同下，奔波于城乡之间，以自身经历现身说法，做盲童和家长的思想工作。经过一段努力之后，总算招收了14名盲生，有了好的开端。

面对这些年龄、文化参差不齐的盲生，他向学校提出了全员、全天、全方位严格管理的教学计划。教学中，他循循善诱，手把手地教学生触扎盲文；对于差生他是多鼓励、少批评，绝不让他们掉队。为激发学生的学习兴趣，他趁课外时间录制了鸟鸣蛙叫、流水潺潺和火车隆隆等各种声音。周末，他还带领学生到田野、工厂、公园去触摸麦苗、车床和雕塑，尽可能使盲生直观地理解课文意思。为了使盲生毕业后具备一定的谋生技能，他每期都要为年龄偏大的盲生开设按摩专业课——把他们带入了按摩知识的光明殿堂。

他钟情于盲人教育事业。为提升对盲人的教育水平，他自费到北京学习汉语双拼盲文，返校后开办了新盲文师资培训班。仅自己翻译、整理的数十万字盲人教研资料，就足见其对事业追求的执着。其间，他还撰写了十余篇教科论文《论盲人按摩课专业教法改革》《如何提高盲人的定向行走能力》《盲教课堂的提问艺术》等。并从施教的第二年起，在盲生中全面推广汉语双拼盲文。他成功了，教学效果极佳！他的这一系列举措，使焦作市特殊教育学校跻身于全国十所新盲文试点学校之一的先进行列！

由于他的辛勤耕耘和善教，先后将数以百计的盲人弟子送入了全国各大、中专院校深造。这些马老师传递给盲生们的心里亮灯，照亮了盲生们的前进道路，打开了他们自食其力、服务社会的方便之门。

播撒爱心　自愿回报　传播正能量

"马老师，感谢你们来为我们大家看病，减轻了我们的痛苦！真不知道该怎样感谢……"龙洞办事处武钢社区老人王喜善激动地说："马老师，我们素昧平生，你竟对我这么好，实在是无以回报！"这是群众对马自立和他成立的焦作市"光明行盲人按摩志愿者"服务队的称赞。

马自立从2011年起，在不断提升盲教的同时，构思着如何让盲人感恩社会，回报社会。为了让盲人得到社会上更多人的认可，将"爱"回馈给社会，在经过一年的谋划、筹备后，2012年他组织成立了焦作市"光明行盲人按摩志愿者"服务队。

服务队成立之后，他首先想到的是社会上需要人们去关注的空巢老人。于是，他每月都要定期带领"光明行盲人按摩志愿者"服务队，深入到交通不便的山区龙洞办事处武钢社区，慰问孤寡、空巢老人，并义务按摩、免费推拿。

每当"光明行盲人按摩志愿者"服务队出现在武钢社区时，那里早已排队等候的老人们，总是搀扶着他们到按摩室，并拉着志愿者们的手，关切地问他们的日常生活。之后，才开始让他们进行按摩、推拿。每次面对老人们的称赞、社区领导的感谢时，马老师总是微微一笑说："感谢谈不上，只要能认可我们这个团队，认可我们这些盲人的生存价值就行。我们这些人，都是在大家的关心、帮助下，才能走到今天的。我们能为社会、为大家做些事情很开心，也很乐意。这正是我们应该做的！"

"光明行盲人按摩志愿者"服务队，不仅让更多的盲人变得自强、自立，而且也将自己的光和热，回馈给了社会和更多需要帮助的人。就此而言，他们是生活的强者，是挑战命运的勇者！他们用爱心传播着正能量，用真心回馈给了社会的真善美。

自这项活动开展以来，先后有 200 余名孤寡老人，得到了服务队盲人按摩师的按摩与推拿。可别小瞧了这支盲人按摩志愿者团队，他们以自身的努力，靠按摩为患者解除了病痛，提高着全民身体健康的幸福指数！

为方便市里患者就医，马自立还在市里开办了按摩诊所。这是他担任课程的实习基地，同时也为盲人爱徒提供了就业岗位。对此，《焦作晚报》曾做过报道。

马自立以他自身的价值，一步一个脚印地奋斗不息，在向社会传送着伟大的精神能量！

面对成绩 作为起点 志向更高远

紧张的教课之余，马自立注重积累经验、理论联系实际。十几年来，他的数十篇学术文章见诸于省内外各学术刊物上；在省、市级学术交流中获奖更多，并有五篇论文收入四川人民出版社出版的《为了花儿更美丽》一书。

在他 26 岁的 1997 年，他被评为"焦作市劳动模范"；1998 年，他荣获"焦作市五一劳动奖章"；1999 年，他成为全省最为年轻的"劳动模范"；2000 年，他代表焦作市参加了省学科带头人的选拔，在激烈的竞争中，他名列全省第一，被省教育厅授予"河南省按摩专业省级学科带头人"称号。

贡献多了，声誉响了，他的事迹在社会上引起了强烈反响：中国青年报、河南日报、河南电视台、河南人民广播电台等多家媒体反复报道；他还被载入了《焦作市教育志》《中华英才大辞典》等。

头上光环多了，职务、职称也多了起来：中国特殊教育研究会会员、省残联第五届主席团执行委员、市残联副主席、市盲人协会主席、高级按摩师等。

荣誉面前，马自立更加勤奋进取。2002 年，他创办了"金手指盲人按摩中心"。在解决数十名他所教出的盲人按摩师就业问题的同时，还为数万的国内患者，以及英、美、日、俄、加拿大等数十国国际友人解除了病痛。他也因此而得到了社会各界的广泛赞誉！

奋斗不息，追求不止，一个更加宏伟的蓝图正在他的脑海里绘成。

自幼双目失明、失去父母、多经苦难的马自立，创造了一个正常人都难以实现的业绩！他不仅是造店村回民兄弟学习的楷模，更是中华民族的好儿子，是全国人民学习的好榜样！

李封贤良郭秀芝

张弦生

姨祖母和我们全家

姨祖母健康快乐　洛阳牡丹姹紫嫣红

我爹从小没娘，我也是从小没娘。

爹五岁那年，奶奶病重了。奶奶的妹妹——我的姨奶奶从老外婆家来伺候她，照看我爹。奶奶去世后，姨奶奶就把我爹领到老外婆家去住，仍然由她带领。直到两年后，爹该上学了，姨奶奶也该出门了，爹才又回到了爷爷家。

我见过姨奶奶保存的她男人的像片：穿着学生制服，留着大背头，浓眉大眼，一副帅哥的派头。他在英国人开办的焦作中学念书。姨奶奶比他岁数大，人又不出众，还缠着裹脚，两人很不般配。中学一毕业，他就远走高飞，杳无音讯。公婆从此不待见姨奶奶。但姨奶奶忍了又忍,想想不能走。要是再走一家,岂不更遭人指脊梁骨唾骂!

爹有了继母,又有了弟弟妹妹。爹成亲了,但他长年不在家,到远方一个小县的土地陈报处当事务员。妈也只好长年住娘家。外婆家和姨奶奶的婆家一个村。我妈当闺女时就认识姨奶奶,成亲后又撂上了亲戚。两个女人,走动得越发勤了。姨奶奶倒像是妈的亲婆婆一般。

我五岁那年,爹在刚刚解放的郑州参加了工作,把我们母子接到了郑州。可是妈害了膨症,一病不起。妈叫爹从老家把姨奶奶接来。姨奶奶刚一进门,妈就挣扎着起身,在床上朝她跪了下来,说:"四姨,我不行了,就把小孩托付给你了。将来叫他爹给你养老送终吧!"姨奶奶答应了,他伺候我妈过世后,领着我回老家住了半年,把家产交待给婆婆家的兄弟们之后,就只带着娘家陪送的一副桌椅回到了郑州,我们祖孙三代一起生活。

三年后,爹也续弦了。继母原先的丈夫病死了,她没有生养,对我爹说:"咱姨就是我的亲婆母,小孩就是我的亲儿子。别说现如今有你在,我不会有外心;就是你不在了,我纺花织布、拉棍要饭吃,也要养活他们一老一小!"

在别家没有生育的继母,到我家后,先后给我添了四个弟弟妹妹。"大跃进"那年,家庭妇女都走上工作岗位,端起了铁饭碗,"再不围着锅台转"了。爹问姨奶奶:"别家女的都工作了,你和孩他妈也都参加工作吧!"姨奶奶说:"都出去了,谁看孩儿?谁做饭?谁洗涮?他妈年轻,让她去吧!我在家看孩儿、做饭、洗涮。"于是,我家又多了一个公家的人;自打那时起,弟弟妹妹就由姨奶奶白天黑夜、煨干暖湿地一个个带养大。

三年经济困难时期,吃不上,穿不上。姨奶奶想:上班、上学的人不能亏着,小孩们更不能亏着,只能自己多省点。她就到菜市拣菜帮,到郊外拔野菜,上树捋树叶,上街拾烟头、捡废纸卖,贴补吃用。虽然一家人穿得补丁摞补丁,但都是按季节拆洗得干干净净。每天劳累下来,姨奶奶的腿脚肿得一按就是一个坑,连袜子都脱不下来。

弟弟妹妹长大懂事了,都知道姨奶奶对他们亲,他们也都知道对姨奶奶亲。"文化大革命"来了。老家的"革命组织"派人来说:姨奶奶是漏划的富农分子;遥远的兰州也有人来外调,说姨奶奶的男人还活着,在那里工作,有历史问题,姨奶奶是反革命家属。继母娘要跟姨奶奶划清界限,让她回老家接受批判改造。我爹不同意,我和弟弟妹妹更不答应。

1968年底,我由郑州市博物馆下放到郑州灯泡厂,接受"工人阶级再教育"。28岁那年,我找好了对象。在结婚前的两个月,我从厂里回家,没见到姨奶奶。邻居说:你妈叫她回老家走了。我怒不可遏,跑到我爹的单位去质问爹。爹也正在发火。爹的一位老朋友正在劝他。见我进去,又劝我道:"你是老大,你家这头场大事办不好,你爹咋往人前站?你弟弟妹妹咋再往下办事?先叫你姨奶回老家吧,过了这阵子再说。"

我们结婚后回老家探亲。到老家的第二天,我们俩就去邻近的李封村看望了姨奶奶。她的老房子早拆了,只好在侄子们家轮着住。找到她老人家了,我刚说"姨奶奶,对不住您……"一阵酸楚涌上心头,便哭得说不成话了。心想,"文化大革命"怎么就会让亲人变成仇人呢!姨奶奶也哭,我妻也陪着哭。我们决心回郑州后找房子住,把姨奶奶再接回去。

妻是个孤儿,也很能吃苦。我们租住了一间半房子。把姨奶奶接回郑州以后,自己动手拉炉渣、筛石子、拣碎砖,靠邻居和弟弟们帮忙,盖起了一间不错的干打垒厨房,房子才稍微宽了一点。

我们有了儿子,又有了女儿。小辈人把老辈人催得更老了。但应时应晌的饭菜,姨奶奶从没有晚过一顿,我们回家就能够吃现成的;儿子照旧是跟着她睡。不懂事的儿子有时还非要老奶奶背一背他,她就停下活来背背我的儿子。我喝斥着要打儿子,她忙拦着:"趁背得动,我就多背背他。等我背不动的那一天,还得靠你们来背我哩!"

姨奶奶知道读书重要。儿子不爱学习,她常数落说:"老奶一辈子吃亏,就是因为不识字。要不咋能被人家撇下,当一辈子的家庭妇女!"她喜欢新事物,新衣裳样、新鞋样,看一遍就会自己铰、自己做。但姨奶奶毕竟一天天地老了:背驼了,人更瘦了。一天,儿子放学回家,一高兴竟把她给拦腰抱了起来。姨奶奶说:"我把你家三辈人都照应大了,我该歇歇了。"粉碎"四人帮"之后,我调到出版社工作。分到了三室一厅的单位家属房,生活方便多了!但她老人家仍是买菜做饭闲不住,在院子里见片废纸也要摄起来,见块桔子皮也给拾起来,攒得多了卖给收废品的。

姨奶奶越来越多地谈起她小时候的事,说常梦见老外婆来接她回家。她说:"我算你们家什么人?我死了总不能埋到你们家的坟地里,更不能埋到娘家,还得埋到俺婆家才中呀!"

前年冬天,她的气管炎又犯了,咳嗽不止,但没像往年犯病时那样发烧。我背她上下楼,用自行车推她到医院去打针。过了几天,还不见轻,身体更衰弱了。我劝她住院检查,她不去,说:"你们上班、上学都怪忙,住院了咋照呼我？我熬几天就好了。"弟弟的一个同学是大夫，把他请到家里来给姨奶奶检查。他听诊后说，胸部罗音大得几乎听不见心跳了，肺部感染很厉害，极度衰弱才不发烧，必须马上住院！

  我们弟兄几个七手八脚地赶紧把老人家送到医院。白天是我在医院护理，晚上是妻子和弟弟们轮流在床前值班。第五天是星期日，妹妹拎着一饭盒鸡汤挂面来看她，说是妈亲手做的："妈说前些年对不住您老，叫您多少要吃点，好补养身子。"姨奶奶高兴地喝了少半碗。晚上是三弟值班，姨奶奶对他说："我一辈子不会挣一个钱。你爹和你们几个给我的零花钱我没舍得花过，打了几个戒指，你们一家一个，留个纪念吧！我的送老衣都放在箱子里的包袱中，到时候拿来就能穿上。我的旧衣裳你们没人拾，就让俺娘家来人都拿走吧！"三弟劝她不要忧念，等病好了去他家住几个月。第二天早晨，我去送饭，见三弟还趴在床边上睡着。同房的病号们说：老太太后半夜睡得很香，没咳嗽一声。我见姨奶奶很安祥，但脸色不对，起了疑心。忙喊来大夫，一检查，她84岁的心脏已经停止了跳动。

  正上着高三住校的儿子听到噩耗，蹦跳着大哭，说为啥不早点叫他回来再见上老奶奶一面！我们全家人都扎起孝布，带着黑纱，按她老人家的心愿，火化后，开车把她送回了老家。从她婆家李封村中穿过，放了两挂火鞭，在她婆家兄弟、妹妹的帮助下，埋在了许家坟中。

  两年的时间过去了，她老人家依然常来到我们每个人的梦中。我们总是想着她是走亲戚去了，说不定哪天就又回来为我们操劳。儿子、女儿总是以老奶奶是如何干的为标准，来指责我们的家务干得不对。我常愧疚：为什么没早点送老人家去住院？正月初二是她的生日，爹和弟弟妹妹们照旧按时聚到我家来给她做生日。二弟出差路过焦作，特地下车到她老人家坟上去磕了五个头——代表我们大家庭里每一个小家庭的人。他说坟头上的草已经很深了，可他仍然不愿意相信下面埋的就是我们最亲的亲人……

（原载《母恩难忘》，中国妇女出版社1996年版，这次选收时有删节）

  姨祖母名讳郭秀芝，1910年2月11日（农历正月初二）出生，1993年11月8日（农历九月二十五）辞世，享年84岁。她是焦作市高新区阳庙镇鹿村人。夫名许昭贵，焦作市中站区李封村人。姨祖母虽被丈夫遗弃，但却又多次蒙冤受屈，背着"漏划富农""反革命家属"的坏名声，受牵连遭难。但她从不申辩，不叫屈，忠贞不二，死后还葬于夫家焦作市李封村许家坟许继成的墓前——实在是贤良得令人心酸与感动！（张咸贞按）

新中国成立前的老党员韩书朝
——九十智叟档案库

如今已是 90 多岁高龄的韩书朝,是中华人民共和国成立之前的老党员。他仍是思维清晰、精神矍铄。尤其是他那惊人的记忆力,简直就是令人难以置信的人间奇迹!

1924 年农历七月十四日,韩书朝出生在西王封村。他一生饱经沧桑,充满了传奇色彩。苦难和岁月并未剥蚀他的记忆,一幕幕往事像珍藏在档案库里似的,驻留在了这位智叟的脑子里——他既是党和国家的宝贵财富,更是一位难得的农村基层新中国成立前的老干部、老党员。

组建西王封农会

韩书朝自幼丧父,15 岁就挑起了养家糊口的重担。生活的磨难砥砺出了他勤劳、善良、顽强、坚毅的品格和干练。他聪明睿智,认准了只有跟着共产党走才会有出路的道理。所以,年轻时的 20 世纪 40 年代初就积极投身革命,为党、为人民做了大量的工作。

1945 年,日寇兵败大局已定,我党我军进行抗日全面大反攻。节节败退的日军,从道清铁路撤到新乡后,盘踞在焦作的伪军仍在做垂死挣扎,拒不投降,梦想固守待援。我太行军区第七、八军分区奉命攻打焦作伪军。全体指战员顽强浴血奋战,终于在 9 月 8 日全歼了号称"华北兴亚巡抚军"的伪军,收复了焦作——这就是焦作的第一次解放。

社会局势安定下来之后的 1945 年冬季,杜毓沄专员通知、并带领韩书朝等农村革命骨干到焦作开会,部署农村尽快建立基层政权工作。会后,中站区区长姜石台又召集会议,宣布韩书朝为西王封村组建农会的组长,全权负责有关事宜。听到宣布的当时,他就懵了:光杆儿司令一个,组建农会又是新事物,咋办?好在区上及时指导,农会主席及钱粮、治保、妇女工作很快就有了眉目。新中国成立之初,发展农业生产是个大问题。刚组建好农会,上级又任命他为西王封村农村合作社经理，主抓农业生产，发展本村经济工作。老百姓有了安定的日子过了，生产上也有了好的开端。但是，不甘失败的国民党反动派反攻倒算气焰嚣张。红色政权根据上级指示，做暂时的战略转移——备战上山。于是，更为艰难的工作在等待着他。

合作社年轻经理

1946年9月，八路军备战上山，红色政权和基本群众也跟着上了山，驻扎在山西省陵川县府城区。当时，焦作市后方安置委员会主任任湘生和分社经理乔甫南，都非常看重韩书朝这个年轻的农业合作社经理。不是拍着他的肩膀说："年轻人，相信你有能力让群众吃饱饭！"就是鼓励："你脑子好使，相信你一定有办法做好这项工作！"两级领导的关心与信任，也曾令他兴奋、自信过，但是却总是愁得他整宿整宿地难以入眠：自己才是个23岁的毛头小子，如何才能让上山的50多名村民吃饱饭？如何开展生产自救工作……想得他一头雾水。哎，说起来容易做起来难！不过，也没有别的路可走，涩柿子就怕猛啃，那就硬着头皮啃吧！有了这样的思想动力，办法也就逐渐想了出来。

在召开备战上山动员会时，太行四军分区公署专员杜毓沄讲话说："备战上山是革命形势需要，要做好长期抗战思想准备：它不是走亲戚、吃顿饭就走。我估计时间长则三年，最短也得两年。山西革命老区的百姓们也很困难，养活不了咱们这么多人。所以，维持生活很不容易，我们要自力更生。等到下山之前，我们来一个评比，看哪个合作社最先进！"在此之前，中站区驻扎在龙洞乡西张庄村的胡区长也曾讲过："备战上山最长两三年时间，大家要齐心协力，度过这个难关！"

上山之后，西王封村农业合作社的任务：一是组织好山上村人的生产自救与必需的生活消费。当时，西王封村一共备战上山50多人，年龄差异很大。上有六七十岁的老人，下有襁褓中的吃奶娃娃，正当年的年轻人不算多。初到山西没有地种，生产自救只能靠自己。家里有儿女、老人的另起锅灶，其他的30多人吃大锅饭。合作社组织妇女们纺棉花、织布卖钱；男人们深入到各村农户家收鸡蛋，然后下山到柏山镇去卖，换成小米当口粮。有了小米，只能都吃小米饭，没盐没菜。好不容易熬到春天，大人小孩儿都到山坡上去剜野菜。后来，倒腾鸡蛋、出手棉线、土布及粉条的路径顺了，经济比较活泛了，才有了一丁点儿的食盐吃。那地方地里野蒜不少，妇女儿童挖了野蒜后洗净用盐腌了，不知道有多好吃！没有买过一分钱的菜，地里的野菜、树叶，就是备战上山者广阔的菜市场！那时候能够吃糠咽菜就很不错了，不知道肉是啥味道！

至于民兵，战时随叫随到上前线；战斗结束后还回到本村去站岗放哨，保证群众安全。当时，博爱县柏山村被国民党割据，游击队及山上民兵巧妙与之周旋。柏山村的制高点就是东边的小顶庙。我地下党联络员绑了个草人，没有敌情时草人耷拉在树上，有了敌情就竖起来。后来，国民党军得知情况后放下了草人。从山西下山到柏山村交易的民兵韩银堂、韩三喜不知情进了村，被敌兵紧追不舍，韩银堂被抓了壮丁。充实到了国民党的部队里打仗。结果，他趁着两军交战时，又从伪军那里往八路军阵地这边跑……

西王封村农业合作社的另一项重要任务就是支前：战地救助和供给必需品，确保大部队能打胜仗。因此，随时补给民兵上战场是常事。

1947年8月间，焦作市后方安置委员会召开总结、评比生产自救先进表彰大会。东、西王封和李封村获得一等奖。还有一面锦旗，是专门奖给先进个人的，上写"奖给 韩书朝"，落款是"焦作市后方安置委员会 焦作分社赠 1947年8月"。可惜几次迁移搬家，这面珍贵之物失落——这是老人家终生的遗憾！

韩书朝夜以继日地忘我工作着，两项任务都完成了。领导说得没错：从1946年9月备战上山，到1948年9月下山，在山西度过了整整两年的艰难时光。韩书朝也在艰难困苦中锻炼了意志与胆识，成长为一名坚强的农村基层干部。1948年2月，他光荣地加入了中国共产党！

管理区里的忙秘书

备战上山回来之后，韩书朝仍任西王封村农村合作社经理，后来被选调到王封乡当秘书，分管抚恤军烈属、调解民事纠纷、结婚离婚等多项工作。再后来，中站地区变成了中站煤矿人民公社下设管理区。1958年，朱村、王封两个管理区合并，他就成了朱村管理区的秘书。虽然工作内容依旧，但工作范围扩大了许多，忙起来整月四十不回家是常事。结婚的事好办，离婚的事他慎之又慎，不知劝和了多少对夫妻，挽回了多少个家庭！事后，这些家庭夸赞不尽他的水平与能力！

除此之外，秘书的一项重要工作就是写材料。上学不多的他迎难而上，各种材料不知写过多少。他很有能力，工作起来不惜力，在同事们心中留下了美好的深刻印象。

家族里的和事佬

韩书朝在自己本家中辈分较长。由于热心、干练，家族内的许多麻烦事都找他。

1962年初春的一天,他正在家里吃晚饭,本家的一位老嫂子到他家二话没说,就气呼呼地把他的碗给夺了!细问缘由,才知道她盖的被子破了,都说了快两年了,两个儿子谁也不管,她心里十分生气!第二天一大早,他就到这位老嫂子家去,把她的两个儿媳妇叫到跟前,厉声说道:"各自去把你们的被子抱来!"他们妯娌闻言心里明白:是婆婆为了被子的事把她们给告了!想想自己的被子那么好,婆婆的被子破得能够钻过牛头,都磨蹭着不肯去抱被子。听到不断地呵斥,妯娌俩都吓得腿打哆嗦!末了,他将老嫂子的被子搭在了当院的绳子上,说道:"如果你俩都不说话,我就招呼邻居们都来看看这床被子!"两个媳妇早闻族长严厉、会办事,不敢多犟嘴,争抢着说:尽快给换新的。他又约定了"检查"的限期,到时候"绝不容情"!这件事他办得很是干净利落。还没到"限期",老嫂子就笑呵呵地又找到他家里,说新被子已经盖上了,谢谢好老弟!

本家自己的红白喜事,都少不了韩书朝的帮忙——尤其是丧事。

家族中最长辈份的一位老人死了,他老伴儿不让前妻生的两个女儿奔丧,街上人议论纷纷:不近情理!韩书朝在那家主事,想着一定要解开疙瘩,按常理办好丧事。人心都是肉长的,谁不要脸面?只要讲清了道理,问题就好解决了。于是,他对丧家女主人说:"婶儿呀,咱也是说情说理的人,在这件事上想悖了:聪明一世,糊涂一时!本来,当家的不在了心里就不好受,更不想让街坊邻居看咱笑话不是?你想啊,不管平素有多大的矛盾,有多少年都互不来往,那都是老人在世的事。现在他爹不在了,你连最后一面都不让见,毕竟是父女一场啊!这不合乎情理,街上人咋会不议论?要是咱停丧在地还不通知闺女们,他老人家会不开心的!如果咱通知了她们,她们没来是她们的错,街上人只会说她们不对,你这个后娘没错……"一席话直说得老太太动了情,掉了泪,问道:"咱不给她们说不行?""不行,您是个最讲道理的人哪!"就这样,这位八头牛车也拉不回头的倔老太太,同意给前窝的两个女儿报丧,顶牛多年的事情得以解决。村人民都夸赞说:"这是书朝办的好事!"

如此这样的事太多,他留下了"本家和事佬"的美名——不再赘述。

四世同堂天伦乐

韩书朝是全村人尊敬的好人,水平高,会办事并且直正、热心肠。但平时看上去比较严肃,村人们都很敬畏他。他的道德情操、人品素养高,人们觉得他神秘，都很想知道他的有关事情。前面说过，他在村上韩氏家族中辈分较长，几个老嫂子暗中常开他的玩笑，问他的小孙女："小歌儿，你爷叫啥？""俺爷叫'朝，端锅'！"逗得街上人捧腹大笑，从此这个名字流传了下来。这里面有个典故：他80多岁的老母亲做好饭后，先喊他的名字，然后让他端锅。这是他交待母亲的，怕年纪大了端锅不安全。所以，一般到了端锅的时候他都要回家，母亲都要这么喊他，小孙女就记住了。

韩书朝说话有理有据；说服力强在于以事实服人，并且诙谐有趣，使人听后久久难忘。在"文革"后的"说清楚"学习班上，为了说明大队广播乱用，学了那段傍晚时候的广播词："喂，谁家跑个小花狸猫？"然后评论："人们正在吃晚饭，听到大喇叭响了，还以为大队发生了重大事情，不约而同地撂下饭碗就往外跑……这是啥事！"会场上爆发出哈哈笑声！

如今的韩书朝，四个儿子、两位女儿都已成了爷爷奶奶，四世同堂，其乐融融。他们老夫妇还能够生活自理，不愿多给孩子们增加负担。他说："感谢党和政府还记着我们这些建国前的老党员，每年发放千把元的生活补助费用。加上养老保险什么的，吃穿不愁。当时白色恐怖备战上山，想到的只要是社会稳定、能吃饱饭就行。根本与今天的现代化幸福生活联系不起来！我虽然老了，干不了啥事，但仍然关心国家大事、世界新闻，很想做一些自己能做的事情。受了那么多年的苦，又革命了那么多年，我的心里仍记着'这本老账'。只要谁需要这些，我就会尽量地'倒'出来！"

看着这位智叟仍心系党和国家命运，感激之情油然而生！

短暂并辉煌的壮丽人生

战斗英雄王忠殿

根据王忠殿生前所在连队指导员穆洪千、战友杨志成，原焦作四中校长许昭虎，英雄的母亲张秀荣、二姐王玉清等口述整理撰文

战斗英雄王忠殿，是从焦作四中走出去的英雄。生前是中国人民解放军陆军四师十一团三营九连一排二班战士。1962年11月18日，他在中印边界自卫反击作战中，为保卫祖国神圣领土，英勇地献出了年仅18岁的宝贵生命，谱写了一曲壮丽的爱国主义、革命大无畏精神诗篇！国防部授予他"战斗英雄"光荣称号。

王忠殿乳名扎实，1944年6月23日出生在焦作市东塔掌村贫苦农民王凤天家里。他四岁时焦作解放，他们家翻了身，生活一天天好了起来，大姐参加了革命工作。8岁那年，他上了小学，先后在塔掌村初小、李封小学高小就读。1958年考入焦作四中，1961年初中毕业后，在学校应征入伍。

艰苦生活的砥砺，塑造了他刚毅沉稳的性格。在校读书期间，他刻苦勤奋。在义务劳动中，他踏实肯干、任劳任怨。平时，他沉默寡言，善于独立思考，想得最多的是人生的价值和道路。他爱读英雄的故事，保尔·柯察金、董存瑞、黄继光都是他努力学习的榜样！英雄的思想滋润了他年轻、质朴的灵魂。他在日记中写下了英雄的豪言壮语和自己的心得体会，决心向英雄们那样做保卫祖国的英雄。从此，他时刻盼望着自己能够当上解放军战士。

为实现崇高理想，他苦苦地追求着。

1960年征兵，只有16岁的他就积极报名参军。1961年，他虚报一岁，再次报名应征。虽体检、身高、体重都不合格，但他并不灰心，多次找接兵的李连长，说出种种理由坚决参军。接兵部队见他态度坚决，就破格收下了他。他

的愿望终于实现了！在部队，他满怀豪情地写下了感人的诗句：

  党—— 母亲
  中国 人民
  忠实的儿子守卫着你
  你看那无情的子弹
  在等待着
    ——每一个敢于侵犯的敌人

  为了实现自己的宏愿，训练中他不怕多流汗水。膝盖和手肘磨破了，他咬紧牙关顶着疼痛。为了给自己增加训练难度，他早起晚睡，不是在枪尖上挂个沙袋练瞄准，就是用刀端几块土坯练臂力。认真的勤学苦练，使得他的射击技术提高很快，被评为"特等射手""五好战士"。

  中印反击战开始了，他所在的部队开上了喀喇昆仑山。他义愤填膺地写下了请战书、保证书，还向团组织递交了入团申请书。他坚决要求上战场，严惩侵略军，保卫祖国神圣边疆。他发出铮铮誓言："在战斗中要与阵地同生死、共存亡，绝不丢失一寸土地！"

  年轻的他成熟了。他对战友杨志成说："我在家是长子，弟弟还小。父亲年纪大了。如果我在战场上牺牲了，请您帮我照顾家庭！"为了祖国、为了人民，他做好了牺牲的准备。

  1962年11月13日，在西线的一次战斗中，他英勇杀敌，立了三等功，火线上被批准加入了中国共产主义青年团。15日，部队从西线开往中线。17日，到达日土中。九连接受了反击某号据点的任务。夜，漆黑得伸手不见五指。指战员们背着武器、弹药，顶着摄氏零下四十五度的严寒，攀登着四千多米的高山。飞沙走石更增加了行军的难度。狂风漫卷着山上多年的积雪。在艰难的征程中，他不知摔了多少跤，但从不比战友们落后一步。经过七个小时的长途跋涉，终于插到了某个据点的背后。

  这次战斗，他所在的一排担任主攻任务。他再三要求，当上了爆破手。

  18日清晨，印军的轻重火力一齐向九连扫来。我军被迫还击。战士们冒着猛烈的炮火，勇敢地冲了上去。刚前进不远，便遇到了入侵印军的一个碉堡。我军伴随着火炮，打了两发炮弹，只把碉堡打开了一个窟窿，反击受阻。排长大喊："二班爆破！"

看到疯狂入侵的印军，王忠殿怒不可遏，抱起爆破筒大喊："我上！"说完"嗖"地冲了上去。在枪林弹雨中，他连续两次执行爆破任务，炸得敌堡飞上了天！一排迅速冲了上去，扫清了据点内的入侵印军，他也被炸伤了下嘴唇。杨志成发现后要为他包扎，他不让。继续向敌人喊话，坚持战斗。

九连完成战斗任务后，上级命令他们支援八连，集中力量拿下敌人的炮兵阵地。九连奉命火速插到敌人据点背后，压制敌炮，让其无法显威。但是，敌堡内的机枪疯狂向八连扫射，九连伴随火炮直射敌堡。狡猾的敌人在碉堡上面堆积了1米多厚的沙袋，射中的炮弹只落在沙袋上"噗噗"作响，对敌堡威胁不大。一排经过三次运动，到了离敌堡20多米远的一道拐坎下卧倒。接着，三排王德有、黄炳文分别进行爆破，仅仅又炸开了一个口子。当入侵印军发现背后受攻时，立即调转枪口猛烈扫射。各种火力交织成网，九连前进受阻。

王忠殿再也忍不住了，手握爆破筒爬到班长面前请求道："班长，我上！"班长命令他和杨志成一起上去。他端着爆破筒，杨志成拿着炸药包。在火力的掩护下，他俩一会儿跃起，一会儿卧倒。巧妙地躲开了敌人火力，一直冲到碉堡跟前。在那千钧一发的紧急关头，他把生的希望留给了战友。他让杨志成到碉堡的一侧爆破，自己又向碉堡的正面跑了两三米，把爆破筒插进敌堡麻袋的缝隙里。可是，还没等拉火，就被敌人推了出来。他又使劲推了进去，刚要拉火，爆破筒又被推出。他恨得咬牙切齿，再次把爆破筒塞了进去，用尽全身气力顶住，放声大喊："一、二、三！"和杨志成共同拉断了导火索。爆破筒"嘶嘶"响了起来，这位钢铁战士岿然站在那里顶着……

杨志成喊他下去，他却一动不动，坚持要杨志成下去。副连长高喊："赶快下来！"他仍然站在那里不动。刹那间，撼天震地的"轰隆"声，盖过了敌人所有的子弹声，敌人的碉堡飞上了天！

中国人民的好儿子王忠殿，用他那宝贵的年轻生命，为部队打开了前进的道路！这悲壮的情景，激起了指战员们的满腔怒火！大家勇敢地冲了上去，扫清了这个据点内的全部入侵印军！

王忠殿在党的关心教育下，在部队大学校的培养下，把自己铸成了人民的钢铁英雄，创造了人生最为可贵的价值。

战斗结束后，根据王忠殿的英雄事迹和生前愿望，部队党委追认他为正式中共党员，追记一等功。

1963年3月9日，国防部授予他"战斗英雄"光荣称号。

革命烈士常九宫

革命烈士常九宫，1916年出生于东冯封村，1940年壮烈牺牲，时年仅有24岁。

常九宫自幼聪敏好学。先是在本地上学，1931年在焦作福中中学毕业，翌年赴北京就读于宏达高中。因参加"抗日民族先锋队"组织和从事革命活动，被学校开除。返回河南后，他考入了郑州私立百年高中。在此期间，他接到郭海长（曾是省政协副主席，省民革主委，1992年病故）的指示：在学生中发展"民先"组织。半年后，因有人泄密险遭逮捕，只身躲回原籍。其父常金镕怕他在家不安全，送他到济源县干训班躲避风声。

受训期间的一次军训课上，教官喊了"立正"后，他因眉宇瘙痒用手挠了一下，竟被教官当众拳打脚踢。他不堪忍受凌辱及教官的暴行，当夜离去。随即南渡黄河，经洛阳、西安转向延安。之后，又根据上级指示到了山西屯留。

1938年，常九宫进入抗大六分校学习。1939年毕业后，被分配到十八集团军总司令部工作。之后不久，又被派入参谋训练班受训。结业后，任冀中十分区二十七军团作战参谋。当时正值"百团大战"之际，他随军与日寇苦战三个半月。在多次激烈的战斗中，他因多勇善谋、年轻顽强的缘故，很受领导器重，曾被团党委派遣完成独特、艰巨的军事任务，并屡立战功。

1940年，他所在的团在河北省献县一片开阔地与日寇苦战两日后，上级下令让该团在夜间转移。黄昏时分，团党委让他带领一个步兵连，护送全团伤员、辎重和马匹，沿一个低凹通道先行一步。不料，途中被日寇发现，遭到山炮轰击。

他机智勇敢迎敌，沉着地指挥人马分散隐蔽。他不顾身上多处受伤，继续指挥战斗。但因流血过多倒下，抢救为时已晚、壮烈牺牲，献出了24岁的宝贵生命！

党和人民记着他的功劳。1951年，中央人民政府人民革命军事委员会总干部管理部，追认常九宫同志为革命烈士。

金色童年里的美丽传说

刻意模仿笑话多（哲理故事）

清代乾隆年间，在太行山南麓的一个大村子里，住着一位慈祥、高尚的李姓老人。他很会办事，谁家有事都请他主事。他为人随和，只要有人请他，他总是笑呵呵地答应，热情帮忙到底。因此，大家格外尊敬他。后生们更是崇拜他，都亲切地喊他李爷爷。

有一天，一家嫁闺女，请他帮忙带领大家去送闺女。他高兴地答应了。

闺女出嫁的那天，他穿上了当时最为时髦的长衫，到嫁闺女的那家去了。为了把事情办得圆满，也为了给闺女在婆家争个脸面，主家特意嘱咐：这件事的总领队是李爷爷——老人家知多见广，办事很有经验；年轻人要听他的话，一切先看他的；一定要把事情办得圆满，免得闺女到了婆家落话柄、受气。年轻人齐声答道："放心吧，俺一切都听着、看着李爷爷的！"

李老汉想想也是：这一晃几十年都过去了，自己在这个大村子里，也不知道为大家帮过多少次忙、办过多少桩红白喜事，一般没有什么闪失。如今，自己都七十多岁的人了，估计这次也不会冒出什么差错来——只是，自己老了，牙齿不好，吃东西细嚼慢咽就是了。想到这里，他满有信心地笑了。

花轿刚一启动，他就走在了送亲队伍的最前列。身着的那件长衫，更显现出了他的风度与斯文。

到了闺女婆家，他弯腰进门的时候，踩住了自己长衫的前衣襟。腿一软，"咕咚"一声摔倒了。后面的人看见了，都以为是什么新礼节。一个个一进门，就学着他的样子，跪在地上磕个头才起来。

酒席间，老人想：由于自己的过失，踩住衣襟拌倒了，害得后生们一进门就都磕起头来。想到这些，他很好笑。但是，碍于脸面，又不敢笑出声来。他实在忍不住了，"哼"地一声，从鼻孔里笑了出来。这一笑不打要紧，正嚼着的粉丝，从鼻孔里喷了出来。陪席的闺女婆家亲戚和办事人，都赶忙站了起来，一脸的茫然。为了掩盖过失，他不好意思地说："这叫'二龙戏珠'。"正在埋头吃席的年轻人听见主席上这么说，一齐朝李爷爷望去。只见他两眼流泪，正在"吭吭"着从鼻孔里使劲往外喷粉丝。他看上去挺难受的——可是，年轻人新奇极了：这又是什么新礼数？可从来都没有见过！但是，他们看到几张桌子上陪席的闺女婆家人都站了起来，因此，也顾不得多想，都大口地吞了粉丝，一个个学着李爷爷的样子，使劲地"吭吭"起来，也想把粉丝从鼻孔里喷出去，那样子滑稽极了！

酒席完毕，闺女婆家将送亲人等送至村口，客套几句之后握手道别。这一切过场全都完毕之后，李爷爷在转面回身之际，强忍的鼻涕挂不住了，顺便擦了一把。年轻人心里很是纳闷儿：闺女的婆家人也都扭脸准备回村，这礼节看得着吗？但想到出门前主家的嘱咐，只好又跟着做了。

见此情形，李爷爷再也忍不住了，"哈哈"大笑起来！不知情的年轻人虽无事可乐，但还是跟着"哈哈"起来。那声音太大了！送别的闺女婆家办事人又折返过身子来，说道："俺年轻人礼仪不周，请别见笑！"

至此，李爷爷才又觉得自己失态，赶忙拱手道歉："别介意，您办事很周到，俺大伙儿都很高兴！"

跟随李爷爷的年轻人赶忙附和，不约而同地说："就是、就是，周到、周到！"

闺女婆家的办事人听到夸赞，也都大笑了起来！

回到闺女娘家，李爷爷讲述了事情的缘由，大家把眼泪就都笑出来了！

末了，李爷爷语重心长地说："看来，真还得年轻人往前上！人老了容易失误，闹出这么多的笑话！还有啊，不要一味地模仿，要多动动脑筋！即使是模仿，也一定要想出所做事情的道理来；自己不懂的千万别模仿——不然就会笑话百出！"

大家羞愧而又赞同地点点头，各自归家而去。

红公鸡痛改傲慢（童话故事）

从前，在一个村子里，一户农家养了一大群鸡子，光公鸡就有五六只。其中，有一只红公鸡特别出众，不仅毛色通红透亮，声音也格外洪亮悦耳。主人叫它"大红"。大红很会干现面活。所以，主人很喜欢它，总是先夸赞它几句，然后再偏给它喂些精料。鸡友们都很羡慕它，见了面总是争抢着给它打招呼。每天拂晓打鸣，总是使足了劲附和它。主人听到群鸡齐鸣立马起床，一天的忙碌就开始了。

久而久之，大红就觉得自己很了不起，谁和它打招呼都懒得搭理。甚至见了同伴们故意把头仰得老高，一副居高临下的样子。

大红越来越不随群了，好像和大家不认识似的。红公鸡的变化太大了，同伴们都看不惯它的傲慢样子。为了挽救、教育它，年岁最长的芦花决定先和老黑、杂毛、小白商议后，再拿出具体的办法，就是想让大红明白：团结力量大，单靠一己的努力是不够的。

翌日拂晓，红公鸡照常打鸣，但伙伴们却都忍着不作声。大红一听只有自己在叫，就堵着气使劲儿地叫。但是，它自个儿的音量仍是不行，到底没能把主人给唤醒。眼看着太阳都升起老高了，主人还是没有起床。直到日上三竿，太阳射得耀眼时才起了床。这天，他本来和人约好去办一件事情，结果给耽误了，心里很是窝火。

大红呢，一见主人开门，就急忙奔了过去，要倒一倒"单杆子跳舞"的一肚子委屈！主人见它涨红着脸迎上，以为它是道歉的，满肚子的火气都凝聚在了脚上，"嗵"地一脚把它踢出老远，口中骂道："没用的东西，还敢来见我！干什么吃的？"

伙伴们看在眼里，痛在心里。大伙儿一拥而上，把摔在地上的红公鸡给扶了起来。大红羞愧得流下了眼泪。

芦花关切地问："摔着哪了，快让我给揉揉，别让死血聚积唠！"

大红赌气不让给揉，口中怨道："还不是恁都憋着气不叫唤给害的！"

芦花语重心长地说："孩子，俗话说'众人拾柴火焰高'，一个好汉还需要三个帮呢！以往你能叫醒主人，是因为有大家的共同努力。今天，你也试过了：一个人的力量是远不够的。不是大家不帮你，就是想让你明白这个道理……"

大红的脸更红了！它说："叔啊，以往我只觉得自己的声音响亮、好听，就不想搭理大家了，是我的不对！通过这件事情，使我明白了一个道理：只有大家齐心协力，才会把事情办好。今后，我要多注重伙伴们！今天，我挨了踢和骂，是因为我自个儿的力量很单薄，耽误了主人的事情；也很没面子！"说着，它竟呜咽了起来。

伙伴们有的替它擦眼泪，有的安慰它。鸡友们久违了的欢声笑语，又回到了这座农家小院的鸡群之中！

中午，主人从外边回来，还是直骂大红。鸡友们上前各自承认自己失职。主人笑道："哟嗨——公鸡也都很讲道理吆？是我错啦，把它给宠坏了，也把你们给忽视了！对不起啊！"

主人认错，公鸡们受宠若惊！大红感动得直掉眼泪："都是我的错！今后，大家就看我的行动吧！"

自打那日之后，大红改掉了傲慢的错误，与伙伴儿们和睦相处，每日齐心协力打鸣。主人喂料时照顾到所有的公鸡，人与公鸡和谐相处，其乐融融。

大红一改傲慢行径，又恢复了善良谦和本性。

小白兔和大灰狼（童话故事）

有一天，小白兔正在村外玩耍，不小心撞上了大灰狼。大灰狼狂笑道："哈哈，送到嘴边的美餐啊！"小白兔咕噜咕噜转转眼睛，想了想说："对不起，我是专属于大灰狼先生的——您可惹他不起！"大灰狼听了非常得意地说："那我就是啊！来吧，宝贝儿！"说着就要扑上去。

小白兔慌忙摆着手说："不行，不行！我哪里知道您就是啊？我没见过这位狼先生，只听到过它的叫声；如果您叫得像，那您就吃掉我好了！"大灰狼又狂笑道："这有何难？你听好了——"它边说边清了清嗓子，叫了起来。一声还没有吼完，小白兔就又摆起了手："不像，不像！太难听了！狼先生的叫声很漂亮的！您再叫几声，让我仔细听听——如果您真的是狼先生，那您就把我吃掉好了，也免得我去找啊！"

大灰狼想想也是：我叫得蛮漂亮的，就让它临死听个明白吧！于是，它又清了清嗓子，更大声音地叫了起来。其实，就在它叫第一声的时候，村里的那些小白兔的好朋友们就都听到了：大象爷爷、老牛伯伯和大马哥哥想到小白兔的险境，立马抡起锄头，掂着棍棒向村外奔去！大灰狼还在起劲地叫着，锄头和棍棒就已经落在了它的身上！它疼得"哎呀、哎呀"逃命而去！

小白兔抹了一把头上的冷汗，后怕地说："谢谢诸位！我硬是强作镇定，说不认识它；又急中生智地让它大叫唤来了大家……"

大象爷爷笑着说："好孩子，您做得很对！遇到凶险不可避免，要机智勇敢面对是关键！邪恶虽是一时强大，但它却怕众怒！有的遇事害怕，先乱了阵脚,结果成了强敌的牺牲品——您就不是。以弱胜强,好样的!"

小白兔化险为夷,与朋友们一道高高兴兴地归家而去。

鸟儿们的演唱会(寓言故事)

从前,在一座森林里有一个美丽的百鸟王国。王国里有一座漂亮的赛歌台。每年的七夕节之前,鸟儿们都要召开一次规模盛大的演唱会。值此,鸟儿们都很喜欢到赛歌台上一展歌喉。

这年的演唱会开始了,黄莺的民歌演唱激起了阵阵掌声。百灵也不甘示弱,流行歌曲很受青睐。画眉的变声唱、四重唱更是精彩!看看布谷鸟、花喜鹊都唱得悦耳动听,连猫头鹰都不敢再学驴叫唤了。小乌鸦着急了,也要上台表现一番。可是,它平时一般都懒得吊嗓子,对自己没有信心。鸟儿们见它跃跃欲试的样子,都鼓励它快快上台一展风采。乌鸦妈妈也说:"上去吧,贵在参与,大家都等急了!按平时我教你的唱就行!"小乌鸦清了清嗓子,走上了台。乌鸦们往年一般都不上台演唱,小乌鸦的亮相激起了雷鸣般的掌声!一阵喧嚣过后,鸟儿们全都屏住了呼吸,静听小乌鸦歌唱。

小乌鸦的临场发挥还算可以,道出了对演唱会的祝贺与感受。掌声中它忘情了,唱起了平时妈妈说得最多的话:"你妈的,去死吧!哈哈哈哈……"一时间,全场观众都傻了眼:这是怎么回事?

小乌鸦正在得意忘形地放声高歌,它的妈妈一跃上台,不容分说叼走了它!台下即刻大乱……

平静下来之后,主持者画眉总结时,特意提及了小乌鸦之事:"台上一分钟,台下多年功!小乌鸦敢登台演唱,已经超越了它的先辈们!"台下赞同的掌声异常高涨!

掌声慢慢停了下来。小乌鸦激动得浑身颤抖!画眉摇摇头叹惜道:"哎,可惜呀!小乌鸦的音乐天赋,被它家长的不文明语言给玷污了!可是,它却没认识到自己的负面影响,硬是把怨气洒在孩子身上……"

突然,画眉的话声让小乌鸦被它娘惩罚得难以忍受的惨烈呼救声打断!鸟儿们一起循声而去,演唱会不欢而散。

王李冯封村的由来逸事

东王封与西王封

王封，位于焦作市西部的太行山脚下，有关王封村名的来源说法不一。

据传说，唐代文学家韩愈的第二十二代裔孙韩天淑，由孟州河阳迁来。因当时此地无名，仅有一座龙泉寺庙和一座名字叫"汪坟"的墓地。他居住此地之后，取村名为"汪坟村"，后来逐渐变音成为"王封村"。另一传说是明代有一个万王受封到此地，现东王封村南仍有一座"万王冢"，亦称"王公地"，故村名为"王封村"。

据查史料表明，后一传说较为确切。古代时，君王有分封诸侯为某地王者之典。据清代《河内县志》记载：在明代时，此地已有硫磺、煤炭的开采。关于东、西王封之分，传说是原居王封的韩姓是靳家的雇工，后因姓韩人口渐盛，便在王封的西边，创建了村庄客舍，取名为"西王封"。

李封冯封的由来

早在宋代已有"李封"之称。又传说：在明代时期，李封村内又分为：李坛、张坛、马坛、牛坛、许坛（坛为小庙别称）。并有"前坛张，后坛李"之传说。早年，在李封村西口，有一高一米多的青石狮子。人们为了获得好的"风水"、靠石狮子镇恶压邪，所以经常为青石狮子涂上一层红色，说是为其穿衣服。因此，村西也称为"红狮口"，这一传说流传得很广泛。至今，石狮子仍立在李封村的西北口地里。据说是因为当初此村李姓居多而称作"李封"的。

据清朝道光五年《河内县志》所载：公元1116年至1189年金世宗在位时，已有李封村："金时村名见金大定钶修泉记。"据史籍记载和考查，李封村名源于秦汉时代，帝王授给臣子土地或是封号谓之"封"，故亦可理解为李封有李姓者被封之意。不仅有古墓现存，在其西部还有王封、冯封之村名。王封源于万王被封，冯封源于金代怀孟两州总督冯道受封之地。有人推测：李封是因姓李者封地的可能性较大。但是，究竟李某为何许人也，尚待考证。

许庄村与东冯封
根据常和平、许继胜素材整理撰文

今中站区许衡街道办事处的东冯封村，原与该村五街是两个村名。

公元1630年左右，元代中书左丞（从二品）许衡十一世裔孙许怀璞，于明代末年（约1630年），从李村村主事胡同迁到了与东冯封村毗邻的东边，取村名为许家庄。日常俚语"许庄"，并建有许氏宗祠。之后，历经明、清王朝和民国时期，后裔枝繁叶茂，已经传续了二十六代，人口达两千余众。焦作解放后的1948年区划变更，将许庄合并入东冯封村，成为东冯封村的五街，与村内诸多姓氏和睦相处至今。

后　　记

　　在此书即将与读者见面的时刻，诸多感慨涌上心头。在中站历史悠久、文化积淀丰厚的沃土之上，随着日月的累积，神奇地留下了许多美丽动人的故事、逸闻传说。发掘中站乡土文化瑰宝，展示中站人文魅力，对于丰富中站文化内涵，提升中站知名度，做大做强地方文化产业，推动社会、经济、文化的超常发展，有着至关重要的意义。吾尝窃思：要为挖掘、传承、整理、弘扬本土民间文化遗产助力，从而充分调动人民群众在构建和谐社会、争当文化强区主力军的积极性，向全社会展示中站的逸闻传说、民间故事、地名典故等文化遗存。我愿尽一点绵薄之力，否则就会心里歉疚：对不起家乡丰厚的文化底蕴宝藏，对不起手中摇了一辈子的笔杆子。

　　我有幸生长在这片热土上。她养育了我，滋润着我的灵魂，荡涤着我的创作激情，摇晃着我的怠惰，震撼着我的灵魂；浪费了宝贵的人文资源，就会对中站博大精深的历史文化愧之难当！

　　为了写出最为贴近生活、最具亲和力的作品，我时常想到"公输班为楚造云梯"中，子墨子行十个日夜劝谏楚王时的对话。墨子曰："今有人于此，舍其文轩；邻有敝舆，而欲窃之；舍其锦绣，邻有短褐，而欲窃之；舍其粱肉，邻有糠糟，而欲窃之。此为何若人？"王曰："必为窃疾矣。"是啊，我们的家珍本来就很宝贵、丰富，用不着劳力费神、抛近求远。做好家乡这道丰盛的文化大餐，是件便捷而又得心应手之事，应为之努力！吾心拙思，君有何意？只是，我已古稀之年，所剩时日极为有限。愿更多的年轻笔友珍惜宝贵时光，投身于中站文化事业之中，成就一番事业，在文化强区战略中大显身手！

　　此书得益于热心口述、提供资料者及网络作者的鼎力相助；特别要提及的是北朱村、西王封村非常重视，多次配合作者召开专题约谈会。北朱村的张守深、张本聪等，为给本书讲述故事，大冬天还专程从北朱村赶到西王封村作者家中——实在感人！值此一并衷心感谢！

　　赤子之心本应具有，但因水平、精力有限，不当之处敬请不吝赐教。不胜感激！

张咸贞
2013冬月于开心书屋